La rédaction administrative en pratique

Éditions Eyrolles
61, bd Saint-Germain
75240 Paris Cedex 05
www.editions-eyrolles.com

Yolande FERRANDIS

La rédaction administrative en pratique

Nouvelle édition augmentée

SOMMAIRE

INTRODUCTION

Cet ouvrage, présenté sous forme de fiches, se propose d'apporter aux agents de la fonction publique ou aux personnes qui souhaitent y accéder toutes les informations utiles pour se perfectionner en rédaction administrative.

Son objectif est d'aider les rédacteurs administratifs et leur permettre de développer le professionnalisme dont ils seront porteurs pour mettre en œuvre les principes fondamentaux du service public ainsi que les améliorations attendues du public. Il est aussi de comprendre les règles de cette rédaction, en particulier au regard des obligations qui s'imposent à l'administration.

Le style administratif s'est forgé au fil de l'histoire de nos institutions. On en trouve les premiers éléments dans l'Ordonnance de Villers-Cotterêts, signée en 1539 par François Ier. Puis de nombreuses règles sont venues le transformer profondément, puisqu'il a traversé l'époque de la Révolution, deux empires, deux monarchies et quatre républiques. Le style administratif résulte aussi de démarches pragmatiques conciliant bon sens et respect des règles élémentaires de rédaction.

Ainsi, ces fiches, détaillées par thèmes, sont regroupées en deux parties qui visent à :

1. **Rappeler les principes de la rédaction administrative.**

La première partie de cet ouvrage sera consacrée à la notion de style administratif. Il résulte tout d'abord des fondements inhérents aux principes du service public : soit en fonction des pratiques tradition-nelles, soit en fonction des règles évolutives qui ont forgé, avec le temps, le langage administratif.

En effet, depuis quelques décennies, ce langage s'est enrichi des travaux de sociologues et de linguistes d'outre-Atlantique. En particulier, les règles de lisibilité qu'ils ont érigées, lentement introduites dans nos pratiques, bouleversent quelque peu les principes traditionnellement en usage en rédaction administrative. Cependant, tout langage vit. Le langage administratif connaît aussi, depuis une période récente, des évolutions en faveur de l'abandon d'un certain formalisme, d'une certaine solennité.

2. Présenter les différents documents administratifs dont le for-malisme obéit à des règles précises.

La deuxième partie de cet ouvrage sera consacrée à la présentation et aux techniques de rédaction propres à chacun des différents types de documents produits quotidiennement dans l'administration. Ce sont aussi ces mêmes documents qui seront à produire à l'occasion d'épreuves de concours et d'examens professionnels (lorsque ces épreuves écrites consistent en la rédaction d'un document adminis-tratif : note administrative, note de synthèse, rapport, lettre, arrêté, communiqué de presse, e-mail…).

Afin de poursuivre sa modernisation, l'administration se devait de favoriser le développement des nouvelles technologies pour améliorer sa communication et fournir un nouveau service aux usagers. Une circulaire du Premier ministre du 15 mai 1996 a fixé le cadre du développement de nouveaux réseaux, dont Internet, dans l'adminis-tration. Cette circulaire qui obligeait toutes les administrations à se doter d'un service Internet a fait évoluer les pratiques de communi-cation. Aujourd'hui, les procédures de dématérialisation se déve-loppent et vont se développer tous les jours davantage. Une fiche sera donc consacrée à la rédaction électronique, qui connaît aujourd'hui un fort développement dans l'activité administrative.

Partie I

COMPRENDRE LES PRINCIPES FONDAMENTAUX DU STYLE ADMINISTRATIF

COMPRENDRE LES FONDEMENTS DES RÈGLES DE LA RÉDACTION ADMINISTRATIVE

Les principes de la rédaction administrative sont anciens. Toutefois, de nombreuses réformes sont intervenues au fil du temps afin d'adapter le service public aux évolutions de la société et aux attentes des citoyens.

La notion de performance : le moteur de l'action publique

Les réflexions engagées ces dernières années sur la notion de performance, moteur de l'action de l'État, ont entraîné une triple exigence :
- d'efficacité ;
- de qualité du service rendu ;
- d'efficience dans la gestion publique.

Mais des faiblesses administratives demeurent dans un certain nombre de domaines :
- la complexité des procédures ;
- l'inflation de la production de textes ;
- le manque d'anticipation des attentes des administrés…

Les exigences de la société, quant à elles, évoluent. Notre société est en constante mutation et les administrés s'expriment : ils veulent être informés.

Lorsqu'ils sont bien informés, les citoyens connaissent mieux leurs droits, les réglementations, les circuits d'information. Aujourd'hui, ils n'hésitent plus à saisir la justice ou à se regrouper en associations de défense de leurs intérêts dans des domaines variés : l'environnement, la consommation, le social, la santé, l'enseignement, l'urbanisme, le logement…

Ils peuvent ainsi exercer une pression sur l'administration.

Ainsi, les citoyens sont de plus en plus demandeurs de services publics :

▶ Ils demandent que l'administration assure les fonctions régaliennes de sécurité, de justice, d'éducation, d'assistance.

▶ Ils attendent d'être protégés des aléas économiques, sociaux, environnementaux…

Pourtant, de nombreuses difficultés subsistent à ce jour, en particulier à l'égard des personnes les plus défavorisées dont l'accès aux services publics, y compris sociaux, demeure difficile, voire inexistant.

À titre d'exemple, une étude réalisée par l'Agence nationale de lutte contre l'illettrisme interroge : « Finalement, qui est illettré ? Est-ce que ce sont les personnes qui écrivent des textes dans un jargon administratif incompréhensible ou les personnes qui ont du mal à les lire ? » Cette analyse pose, bien sûr, le problème de la véritable place du citoyen dans notre société. Pourtant, le rôle de l'État a considérablement évolué au cours de ce dernier demi-siècle.

Aujourd'hui, l'État intervient dans tous les domaines de la vie quotidienne. Le schéma du passage de « l'État gendarme » à « l'État providence » paraît pourtant bien dépassé à ce jour. Les années 1980 ont en effet marqué la crise de « l'État providence » et amorcé l'idée de modernisation du service public. Sans entrer dans le débat « moins d'État – plus d'État », on constate au cours de ces dernières décennies une réduction du champ d'intervention de l'État liée à la décentralisation, à la libéralisation des marchés, aux privatisations, à l'ouverture à la concurrence, à la mondialisation.

Des services publics en évolution permanente et plus efficaces

La RGPP (Révision générale des politiques publiques) a engagé la réflexion sur les moyens de rendre plus efficaces les actions des services publics en les recentrant sur leur « cœur de métier ».

La rédaction administrative contribue très largement à rendre l'administration plus efficace car c'est par l'écrit, essentiellement, que se traduit l'action administrative : l'administration informe, explique ou décide par la production de documents papiers, nombreux et variés, ou de pages numériques.

C'est dire l'intérêt de la communication écrite dans la recherche d'une plus grande efficacité de l'administration.

« L'histoire de la rédaction administrative » est ancienne : quelques rappels de son évolution

Ce que l'on appelle la « rédaction administrative » date d'un passé très lointain : le XVIe siècle.

Si l'histoire des institutions a fortement imprégné le style administratif de caractères qui lui sont spécifiques encore aujourd'hui, il apparaît que ce sont surtout les grands changements liés au développement de son activité qui ont contraint l'administration à améliorer ses moyens de communication avec son ou ses publics.

▶ Parmi les transformations intervenues au cours de ces dernières décennies, citons, par exemple, la réforme décentralisatrice dont la loi du 2 mai 1982 fixe les principes, la volonté de « renouveau du service public » des années 1988 et 1989, le développement de « politiques transversales » telles que celles de la ville, de l'environnement, de l'élaboration des « contrats de plan État/région », autant de politiques qui ont conduit les services publics à plus de concertation et de communication.

▶ Plus récemment, de nouvelles évolutions, comme « l'administration numérique », témoignent d'une volonté constante d'adaptation du service public à son environnement économique et social.

De telles évolutions ont développé les relations entre l'administration et ses publics, qu'il s'agisse de relations interministérielles, avec les collectivités territoriales ou avec le public au sens large, c'est-à-dire les usagers, les entreprises, les associations, les particuliers, etc.

Cette nécessité de communiquer reste aujourd'hui d'actualité pour que l'administration assume les évolutions administratives.

Ces évolutions soulèvent des questions dans divers domaines : commerciaux, financiers, économiques, agricoles, environnementaux, de sécurité, de santé, etc. En effet, l'espérance de vie des administrés, l'absence du numérique dans de nombreux secteurs ruraux, la fermeture d'établissements publics dans les petites communes… interroge sur les possibilités du recours au service public par les usagers.

En conséquence, bien d'autres adaptations des modes de communication des services publics seront encore nécessaires pour mieux communiquer.

Des services publics mieux compris : administrer, c'est communiquer

Traditionnellement, on classe la communication selon trois modes :
- communication interne ou externe ;
- communication orale ou écrite ;
- communication papier ou électronique.

L'administration communique essentiellement par écrit.

Mais comment l'administration communique-t-elle ?

Chaque jour, elle produit un grand nombre de documents, sous des formes différentes : rapports, notes, lettres, comptes rendus, procès-verbaux, instructions, arrêtés, circulaires, notes de service, notes juridiques, documents dématérialisés (e-mails, pages sur sites Internet…). Tous ces documents obéissent à un formalisme précis présenté dans les fiches qui suivent (partie 2).

Les besoins grandissants de communication ont également conduit les services publics à élaborer de nombreux autres types de documents tels que des plaquettes d'information, des notices, des journaux internes, des publications spécialisées, des tableaux de bord, des fiches d'analyse, des communiqués de presse, des banques de données, des supports Internet…

La technique de rédaction de ces documents vise un seul objectif : faire passer le message de façon claire, précise et concise.

À ce jour, les écrits dans l'administration sont de plus en plus nombreux et nul ne doute que, pour répondre aux exigences de communication attendues, ils se développeront encore.

Les fiches suivantes présentent les différents aspects de la communication écrite : règles de forme et de fond, règles de rédaction et de lisibilité, communication externe ou interne, assurée sur support papier ou sur page électronique.

Il est clair, en effet, que l'on ne rédigera pas de la même manière un communiqué de presse destiné au grand public, un courrier d'information sur un point précis, une analyse juridique ou une page Web.

S'il apparaît bien que la communication écrite constitue un support privilégié de l'action administrative, on peut se demander s'il existe réellement un style administratif et, si oui, pourquoi.

Pourquoi un langage spécifique dans l'administration ?

Le langage administratif constitue un élément déterminant dans les concours administratifs afin de préparer les futurs fonctionnaires.

Il existe d'ailleurs des stages, cours et ouvrages spécifiques qui préparent les étudiants ou les fonctionnaires à la pratique de ce langage.

Mais surtout, ce langage est utilisé au quotidien par l'administration dans ses multiples rapports avec son environnement. Par exemple, c'est un style administratif spécifique qui est utilisé par l'administration lorsqu'elle communique :

▶ avec d'autres États (rédaction de traités internationaux, de règlements communautaires…) ;

▶ avec les différentes administrations, y compris celles relevant des collectivités territoriales (rédaction d'instructions, de circulaires, de notes de service…) ;

▶ avec le public (rédaction d'actes réglementaires (arrêtés), de contrats, de conventions, de correspondances…) ;

▶ pour la circulation de l'information au sein d'une même structure (rédaction de comptes rendus, de rapports, de notes, de notes de service…) ;

▶ pour faire circuler des informations vers tous les publics (articles de presse, pages sur Internet…).

Cette obligation pour l'administration de transmettre des messages multiples et variés, au nom de l'intérêt général, lui impose le respect d'une certaine présentation dans ses écrits, d'une certaine structure dans la construction du message, d'un certain style dans la rédaction et la communication.

Les exigences du style administratif sont donc liées au rôle même de l'administration et à ses missions.

Une adaptation permanente du langage administratif s'est imposée au fil du temps

Mais alors, pourquoi le style administratif est-il si sévèrement critiqué ? Pourquoi le juge-t-on parfois obscur et désuet ? Quelques indications sur son évolution historique permettront de mieux comprendre le style, parfois suranné, utilisé encore aujourd'hui.

Contrairement à celui des pays anglo-saxons, le droit français est de tradition écrite. Cette tradition écrite, forgée et perpétuée dans le temps, est donc responsable de formes particulières, voire surannées, encore en usage dans le langage administratif actuel.

En effet, les premières consignes en matière de rédaction administrative sont citées dans l'article 111 de l'Ordonnance de Villers-Cotterêts, signée en 1539 par François Ier. Ce texte impose l'usage du français dans les actes officiels et de justice (les langues régionales prévalaient alors). Après cette date, de nombreuses ordonnances et des arrêts du Parlement ont marqué notre langue officielle et consacré son évolution en fonction des transformations politiques et socioculturelles de l'Ancien Régime.

Le mot «administration», du latin *administrare* qui signifie «aider, fournir, procurer, diriger», a d'abord été utilisé dans le sens de «procurer», puis s'est imposé progressivement dans le sens de «diriger». C'est en 1793 qu'il a été utilisé dans son sens moderne, c'est-à-dire «service public et son personnel». Le mot «administré», c'est-à-dire, selon *Le Petit Robert,* «personne soumise à une autorité administrative», apparaîtra en 1796. La Constituante l'emploiera à de nombreuses reprises pour fixer les rapports entre administration et citoyens.

Par ailleurs, une instruction générale d'août 1790 donne des indications précises sur les relations entre supérieurs et subordonnés, sur les correspondances et le processus de circulation du courrier officiel, sur les principes concernant la signature et sur le ton à utiliser dans la correspondance : «La correspondance des administrations supérieures doit, en conservant le caractère de l'autorité qui leur est graduellement départie, en tempérer l'expression par l'observation de tous égards qui font aimer le pouvoir établi pour faire le bien commun. »

Cette évolution au fil du temps explique que certains termes, aujourd'hui encore en usage, semblent désuets. Pourtant, le langage du français a évolué.

Une multiplication des actes écrits de l'administration s'est aussi développée avec le temps

Aujourd'hui, l'administration intervient dans tous les secteurs d'activité et assume de nombreuses tâches de natures très diverses. Il en résulte une multiplication des actes et documents qu'elle produit à l'égard de ses divers publics. Cette évolution se traduit inévitablement dans la rédaction des documents administratifs.

Au cours des cinquante dernières années, le développement de l'activité administrative s'est intensifié, ce qui a provoqué une prolifération des actes législatifs et réglementaires (lois, décrets, arrêtés), des documents d'orientation ou d'explication (circulaires, notes, rapports) et des correspondances administratives.

C'est ainsi que la vie quotidienne des citoyens est régie par 10 500 lois, 127 000 décrets, 7 400 traités, 17 000 textes communautaires.

Même si le Conseil d'État demande aujourd'hui à l'administration de limiter sa production de textes et si les parlementaires tentent de susciter la création de dispositifs tendant à simplifier les textes, le document administratif reste le support privilégié de l'action administrative.

Cette surabondance de textes connaît toujours une accélération ; ainsi par exemple, au cours de l'été 2015, six lois, six ordonnances et quinze décrets sont venus compléter les 3 000 pages du Code du travail sur la durée légale du temps de travail.

L'adage « Nul n'est censé ignorer la loi » perd ainsi tout son sens et la rédaction administrative est déterminante pour faire passer les messages.

Pourtant, on constate souvent encore des rapports ou des notes illisibles, couverts de néologismes, usant d'un jargon incompréhensible pour le lecteur. Ces pratiques peuvent malheureusement conduire à la sclérose du style administratif, voire à l'incompréhension du message, et même provoquer des contentieux.

Ainsi que des mesures prises pour améliorer la qualité des écrits administratifs

Pour prévenir de tels risques, de nombreuses mesures ont progressivement tenté d'améliorer la qualité des écrits administratifs.

Ainsi, l'usage de la langue française a-t-il été réaffirmé à plusieurs reprises :

- L'article 3 de la Constitution, complété en 1992, précise que « **le langage de la République est le français** ».
- La loi n° 94-665 du 4 avril 1994 et des circulaires du Premier ministre ont rappelé ce principe (dont une circulaire de la Fonction publique en 2016).

▶ Le travail de réflexion conduit par le COSLA (Comité d'orientation pour la simplification du langage administratif) et la production d'outils concrets comme LARA (logiciel d'aide à la rédaction administrative) doivent permettre aux nouveaux fonctionnaires de se former eux-mêmes à la rédaction administrative ; dans le même objectif, le dictionnaire des synonymes administratifs permet d'utiliser les mots justes.

▶ La production d'un *Guide de légistique*, publié par La Documentation française et mis en ligne sur le site Legifrance, doit permettre aux fonctionnaires de rédiger, selon les formes et le langage, les textes normatifs (lois et décrets en particulier)[1].

Enfin, des progrès restent à accomplir pour moderniser la communication de l'administration, en particulier avec l'utilisation de l'informatique : mise en ligne de formulaires administratifs, téléprocédures ou tout autre moyen électronique (et en veillant à ce que tous les usagers puissent y avoir accès).

En conclusion, et plus que jamais, compte tenu des réformes et des réflexions en cours sur la modernisation de l'administration, l'image d'une administration efficace et recentrée sur ses missions essentielles doit être une préoccupation constante des rédacteurs, acteurs de la communication écrite.

Et plus récemment des textes ont renforcé les moyens d'une meilleure communication, comme :

▶ le décret n° 2018-842 du 5 octobre 2018 portant simplification de certaines procédures administratives ;

---

1. Cette préoccupation constante des pouvoirs publics s'est manifestée, par exemple, par la loi du 3 janvier 1973 instituant un médiateur de la République, la loi du 6 janvier 1978 relative à l'informatique, aux fichiers et aux libertés, la loi du 17 juillet 1978 relative à la liberté d'accès aux documents administratifs, la loi du 11 janvier 1979 relative à la motivation des actes administratifs, l'instauration de commissions de simplification des formalités ou des documents administratifs, la création des CIRA (centres interministériels des renseignements administratifs), la mise en place d'un Comité d'orientation pour la simplification du langage administratif, la publication d'un *Guide de légistique*, etc.

- la circulaire sur la mise en œuvre de la saisine par voie électronique (NOR ARCB1711345C) du 18 avril 2017 ;
- le décret n° 2016-1491 du 4 novembre 2016 relatif aux exceptions à l'application du droit des usagers de saisir l'administration par voie électronique concernant les démarches effectuées auprès des collectivités territoriales, de leurs établissements publics ou des établissements publics de coopération intercommunale ;
- le rapport au président de la République relatif à l'ordonnance n° 2014-1328 du 6 novembre 2014 relative à la communication des avis préalables ;
- l'ordonnance n° 2014-1328 du 6 novembre 2014 relative à la communication des avis préalables ;
- le rapport au président de la République relatif à l'ordonnance n° 2014-1329 du 6 novembre 2014 relative aux délibérations à distance des instances administratives à caractère collégial ;
- le rapport au président de la République relatif à l'ordonnance n° 2014-1330 du 6 novembre 2014 relative au droit des usagers de saisir l'administration par voie électronique et l'ordonnance n° 2014-1330 du 6 novembre 2014 relative au droit des usagers de saisir l'administration par voie électronique.

IDENTIFIER POUR MIEUX LES COMPRENDRE LES PRINCIPES DE LA RÉDACTION ADMINISTRATIVE

L'action de l'administration se traduit, dans ses écrits, par le vocabulaire qu'elle utilise, le contenu du message qu'elle veut faire passer, et l'utilisation de certaines formules.

Le style administratif est essentiellement fondé sur trois éléments importants :

- L'administration est investie d'une mission d'intérêt général.
- Son activité engage la responsabilité de l'État.
- Elle fonctionne selon des principes hiérarchiques.

Rappelons que ces notions ont évolué avec le temps, les institutions et la jurisprudence pour assurer une meilleure qualité du service public (*voir fiche 1*). Examinons maintenant chacun de ces éléments.

La notion d'intérêt général

La société est complexe, l'administration doit en tenir compte, et, de ce fait, elle élabore des règles de plus en plus complexes. Par ailleurs, les citoyens sont de plus en plus demandeurs de services publics.

L'administration doit satisfaire un besoin d'intérêt général, défini comme « ce qui est pour le bien public ». Ainsi, la notion de service public constitue le fondement même de l'action administrative.

Le but et les obligations du service public se traduisent alors dans son langage qui doit répondre à l'intérêt général. Celui-ci se manifeste dans de nombreux domaines tels que la **sécurité, la justice, l'éducation, l'harmonie du territoire, la cohésion sociale, la santé, l'environnement…** Mais la notion d'intérêt général reste relative et variable dans le temps et dans l'espace.

La jurisprudence, à de nombreuses reprises, a été appelée à définir les contours de cette mission de service public et en a précisé le contenu.

Cette notion de service public est très fréquemment invoquée pour justifier le caractère exorbitant des règles qui régissent les activités de l'administration et ses prérogatives de puissance publique. Elle engendre, par ailleurs, de nombreuses contraintes et obligations pour l'administration, **contraintes et obligations qui se traduisent dans la rédaction administrative**.

Le service public bénéficie d'un ensemble de prérogatives de la puissance publique. Il peut ainsi prendre des décisions exécutoires. En contrepartie, il se voit imposer des sujétions spéciales.

Ses obligations se rattachent à quatre grandes idées :
▶ assurer la continuité du service public ;
▶ adapter le service public aux besoins du public ;
▶ assurer l'égalité des citoyens devant le service public ;
▶ respecter l'obligation de neutralité.

Définissons ces quatre points.

La continuité du service public

Le but du service public est de satisfaire l'intérêt général. Toute interruption risque d'entraîner des perturbations préjudiciables à la société.

Ainsi, afin de garantir la continuité du service public, l'administration devra édicter certaines règles. Ces règles peuvent être traduites dans la rédaction de notes de service, d'arrêtés, de circulaires ou d'instructions explicitant des textes réglementaires (*voir partie 2, fiches 11 et suivantes*).

Par exemple, des documents écrits peuvent rappeler aux agents les modalités du droit de grève, ou bien les règles de congé des fonctionnaires afin de permettre la continuité du service public…

L'adaptation du service public

Pour assumer sa mission, le service public doit s'adapter en permanence à l'évolution de son environnement, à l'évolution des besoins du public. Cette adaptation se traduit par exemple par l'édiction de règles écrites diverses (arrêtés, décisions, circulaires…) énonçant des modalités de mise en place de permanences dans les services publics, de mise en œuvre de grandes politiques nationales telles que la protection de l'environnement, la politique de la ville, l'insertion professionnelle, l'aménagement du territoire, la cohésion sociale… Cette adaptation peut aussi se traduire dans des situations d'urgence comme l'évacuation de sites menacés, la gestion de catastrophes naturelles…

L'égalité des citoyens devant le service public

Le service public doit offrir ses prestations à tous ceux qui demandent à en bénéficier, selon des conditions réglementaires, sans discrimination ni traitement de faveur.

Des règles sont, par exemple, édictées concernant les tarifs des taxes et redevances, l'admission des élèves dans les établissements publics d'enseignement, l'obtention de subventions, la délivrance de titres, le droit de construire, la création de sociétés ou d'associations, l'égalité des femmes et des hommes…

L'obligation de neutralité

Les agents du service public sont tenus de respecter l'intérêt général : ils sont donc tenus à l'obligation de désintéressement, d'impartialité, de laïcité.

La mission d'intérêt général dont est investie l'administration se traduit dans le style de rédaction des actes qu'elle élabore (langage utilisé et références aux réglementations). En conséquence, cette notion d'intérêt général influence le style administratif.

Prérogatives de la puissance publique, contraintes et obligations de l'administration, égalité des citoyens devant le service public, adaptation constante du service public, obligation de neutralité, de réserve et d'impartialité sont des éléments spécifiques qui se traduisent dans les écrits administratifs (*voir fiches ci-après*).

La mission d'intérêt général dont est investie l'administration a souvent généré un style neutre, impersonnel, comportant des formules types «passe-partout» et des tournures passives.

Exemple

- mon attention a été appelée sur…
- il m'a été indiqué que…
- il y aurait lieu de…
- il conviendrait de…
- il serait opportun de…
- il est rappelé que…

Ces tournures peuvent être utiles lorsque **l'obligation de réserve** (*voir paragraphe suivant : « la responsabilité de l'État »*) impose de ne pas faire état d'informations dont on ne peut révéler l'origine, lorsqu'on ne peut pas citer le nom des personnes qui sont intervenues dans une affaire, lorsqu'on doit observer la plus grande neutralité…

Toutefois, il ne faut pas abuser de ces tournures passives ou impersonnelles. Elles diluent la responsabilité (qui est une règle essentielle du service public) et nuisent à la qualité et à la clarté du message que l'on veut transmettre.

Exemple

La comparaison des phrases suivantes permet de constater que les tournures passives et impersonnelles n'apportent rien à la qualité du message :

«Il convient de se présenter aux guichets de la mairie entre 8 et 12 heures. On est prié de se munir de sa carte d'identité.»

«Présentez-vous aux guichets de votre mairie entre 8 et 12 heures. N'oubliez pas votre carte d'identité.»

La responsabilité de l'État

La responsabilité de l'État se traduit dans la rédaction administrative. Elle a beaucoup évolué, depuis le début du XXe siècle, sous l'impulsion de nombreuses jurisprudences (*voir fiche 1*).

Cette responsabilité de l'administration se différencie selon qu'il existe ou non une faute. En principe, la responsabilité de la puissance publique est engagée quand il y a faute, qualifiée de **faute lourde ou de faute simple.** Mais la responsabilité de l'administration peut aussi être engagée sans qu'il y ait faute, soit lorsqu'il y a risque, soit lorsqu'il y a rupture d'égalité devant les charges publiques.

Il convient, en outre, de souligner que la responsabilité des agents publics peut également être mise en cause. Il faut alors distinguer la **faute de service de la faute personnelle.** La faute de service est liée au fonctionnement du service (pour les fonctionnaires, ce principe est rappelé par la loi du 13 juillet 1983 relative à leur statut).

En cas de faute personnelle, c'est-à-dire une faute commise par l'être humain, «avec ses faiblesses et ses passions» (selon la jurisprudence), il doit être démontré que l'auteur a agi dans une intention malveillante ou pour satisfaire un intérêt personnel.

La condamnation peut donc déboucher **soit sur une condamnation de l'agent pour faute personnelle, soit sur une condamnation de l'administration pour faute de service.**

La responsabilité de l'État se traduit dans la rédaction administrative

Elle se manifeste sous des aspects divers : dans le style et le choix du vocabulaire, dans un certain formalisme de l'expression, dans le contenu des informations utilisées, et plus particulièrement dans :
▶ la forme ;
▶ la signature ;
▶ l'obligation de réserve.
Examinons ces trois points.

La forme

Une manifestation particulière de cette responsabilité est **l'usage de la première personne du singulier** dans toute correspondance administrative. Le «je» est de rigueur, il traduit l'engagement de la puissance publique. (Le « nous » utilisé dans les correspondances privées n'est jamais employé dans les écrits administratifs.)

Le style marque aussi ce caractère exorbitant de l'autorité publique. Il doit être sobre, neutre, responsable. Pour cela, la rédaction doit répondre à quatre préoccupations importantes :

▶ *expliquer* clairement les actes, décisions, positions de l'administration ;
▶ *reformuler,* si nécessaire (surtout lorsqu'on s'adresse à un particulier), une réglementation, sans la trahir, pour la rendre plus accessible ;
▶ *convaincre* plutôt que contraindre ;
▶ *concilier* en cas de conflit.

Pour expliquer clairement, il est possible d'utiliser des synonymes plus accessibles, mais le risque est de donner une interprétation plus ou moins exacte. Il est donc préférable de **conserver le terme juridique requis puis de l'expliquer, en reformulant avec des expressions comme « c'est-à-dire… » ou « dans votre situation… ».**

La signature

La signature (officielle, c'est-à-dire résultant d'une délégation) d'un écrit administratif constitue la condition **impérative de sa validité.** Elle comporte trois mentions :

▶ la **fonction du signataire** assortie de la mention de la délégation si nécessaire (la délégation résulte d'une décision de l'autorité supérieure permettant à un agent de signer à la place de cette autorité) ;
▶ le **paraphe** manuscrit, c'est-à-dire la signature elle-même ;
▶ le **nom du signataire** (le prénom suivi du nom, sans l'indication de « Monsieur » ou « Madame »).

Exemple

- « Le Préfet, par délégation, »
- « Le Directeur… »
- « Jacques Dupont »

Attention, il faut distinguer *délégation de pouvoirs* et *délégation de signature.*

La délégation de pouvoirs	La délégation de signature
Similitudes	
– Nécessité d'une décision écrite prévoyant explicitement ces délégations. – Obligation de publicité de cette décision (recueil des actes administratifs, bulletins…). – Leur caractère est partiel (le responsable ne peut pas se dessaisir de l'ensemble de la mission administrative qui est la sienne).	
Différences	
La délégation de pouvoirs est faite, par le *délégant*, au bénéfice d'une autorité *ès qualités (le délégataire)*, c'est-à-dire en tant qu'exerçant une fonction et non à titre personnel (exemples, délégation au préfet de Police à un directeur départemental…). Elle n'est donc pas affectée en cas de changement du délégant ou du délégataire. Le délégant *est dessaisi* de sa compétence et ne peut plus l'exercer dans le domaine délégué (sauf en cas de recours hiérarchique).	La délégation de signature est consentie à une autorité nominativement désignée. Elle prend donc fin en cas de changement du délégant ou du délégataire. Le délégant *n'est pas dessaisi* de sa compétence, il est seulement déchargé de certaines attributions dont il reste titulaire. Le délégant peut à tout moment décider en lieu et place du délégataire.

L'obligation de réserve et la discrétion professionnelle

En rédaction administrative, tout rédacteur est tenu au devoir de réserve et de discrétion professionnelle, obligations qui résultent du statut des fonctionnaires. Ces règles s'appliquent à l'égard des personnes extérieures à l'administration mais aussi à l'égard des fonctionnaires eux-mêmes. Elles se traduisent par :

- l'interdiction pour les fonctionnaires de faire état de leurs opinions, de leur sentiment personnel, de leur propre idée sur une affaire ;
- l'obligation de ne pas divulguer certaines informations dont ils ont connaissance lors de l'examen d'un dossier.

Par exemple, l'obligation de réserve et de discrétion professionnelle interdit de divulguer des informations contenues dans des rapports médicaux, sociaux, des documents classés « secret », « confidentiel », « confidentiel défense »…

Ces obligations de devoir de réserve se traduisent dans le style administratif par l'usage de certaines formules ou phrases impersonnelles telles que :

Exemples de formules

- sous réserve…
- il paraît…
- il semble…
- il semblerait…

Exemples de phrases

- mon attention a été appelée sur…
- il m'a été signalé que…

L'administration, dans sa rédaction, ne citera pas la personne qui a appelé l'attention.

L'obligation de discrétion peut aussi être mise en évidence par l'indication, en haut et à gauche du document, de certaines mentions telles que « confidentiel », « secret », « très confidentiel »…

La reconnaissance de la hiérarchie

Dans la fonction publique, les fonctionnaires sont classés en catégories (A, B, C). Des textes juridiques, législatifs et réglementaires constituent le statut de la fonction publique et fixent les pouvoirs et rôles de chacun.

La reconnaissance de la hiérarchie dans l'administration a des incidences sur le style administratif : lorsqu'on rédige une note, une lettre, un rapport, on ne parlera pas de la même manière à un supérieur hiérarchique, un collègue ou un subordonné (*voir fiches suivantes*).

Ce principe de reconnaissance de la hiérarchie entraîne des conséquences :
- sur le style et les formules utilisés ;
- sur la nécessité de faire apparaître la voie hiérarchique sur toute correspondance, c'est-à-dire de marquer le passage du document par les autorités concernées.

Voyons comment se présentent ces obligations.

Le style et les formules utilisés

En rédaction administrative, le choix du vocabulaire doit toujours être adapté au public à qui l'on s'adresse.

De même, dans les correspondances à un supérieur hiérarchique, le vocabulaire employé marquera cette reconnaissance (*voir fiches 12 et suivantes*).

La règle du « sous couvert »

Dans l'administration, beaucoup de documents sont transmis « sous couvert » (que l'on écrit « s/c de… ») dans la suscription (*voir modèles de lettres en forme administrative – fiches 13 et 18*).

Ce passage de certains documents administratifs par la voie hiérarchique répond à une double nécessité de :
- tenir informées toutes les autorités hiérarchiques intéressées ;
- leur permettre de formuler des avis ou observations sur l'affaire dont il est question.

Il peut exister un ou plusieurs niveaux de sous couvert selon les cas.

Premier exemple

Il existe un seul échelon intermédiaire entre l'émetteur du document et le destinataire. Par exemple, le ministre s'adresse au commissaire de Police de X… sous couvert du directeur départemental des Polices urbaines.

La suscription sera :
« Le Ministre…
à
Monsieur le Commissaire de Police de X…
s/c de Monsieur le Directeur départemental des Polices urbaines »

Deuxième exemple

Il existe plusieurs échelons intermédiaires. Par exemple, le recteur s'adresse à Monsieur Léon, professeur certifié au lycée X…

La suscription sera :
« Le Recteur

à
Monsieur Léon, professeur certifié
s/c de Monsieur le Proviseur du lycée X...
s/c de Monsieur l'Inspecteur d'académie de Y... »

Lorsque l'on connaît le nom du fonctionnaire chargé du dossier, il peut être utile d'ajouter, sous la suscription, le nom de ce fonctionnaire, selon la formule : « à l'attention de Monsieur X... ». Cette pratique améliore la circulation du courrier.

Exemple

« Le Préfet
à
Monsieur le Directeur départemental des Territoires et de la Mer
À l'attention de Monsieur X... »

Enfin, s'agissant de la règle du sous couvert, il convient de rappeler le rôle particulier du préfet au sien du département, rôle dévolu par la loi de décentralisation du 2 mars 1982 et la loi de déconcentration du 6 février 1992.

Le préfet est le représentant, au niveau du département, de chacun des ministres. De ce fait, toutes les correspondances échangées entre une administration centrale et un service déconcentré de l'État doivent être transmises sous couvert du Préfet :

« Le Ministre de...
à
Monsieur le Directeur départemental de...
s/c de Monsieur le Préfet de... »

Les notions d'intérêt général, de responsabilité de l'État et de reconnaissance de la hiérarchie au sein de l'administration constituent des fondements du style administratif. La prise en compte de ces éléments dans la rédaction aura des conséquences à la fois sur le vocabulaire utilisé, sur les formules adaptées, sur le choix de mentions particulières, sur la construction des phrases.

IDENTIFIER POUR MIEUX LES APPLIQUER LES ÉLÉMENTS DU LANGAGE UTILISÉ DANS LA RÉDACTION ADMINISTRATIVE

Les fiches précédentes définissent les principes fondant les règles rédactionnelles du style administratif.

Ces règles se fondent bien entendu sur la grammaire et la rédaction, sur des méthodes de construction des écrits, mais aussi sur des principes inhérents à l'activité de l'administration.

Rédiger dans un français correct et compris du public à qui l'on s'adresse : le choix des mots

Avant tout, choisir un langage qui sera compris de la personne à qui l'on s'adresse, cela suppose un langage clair, adapté et conforme aux lois grammaticales.

Pour mieux se faire comprendre, le langage sera adapté au public à qui l'on s'adresse : on choisira un langage différent selon que l'on s'adresse au grand public ou à un public averti. L'objectif est de délivrer un message pour communiquer des informations et être compris.

À titre d'exemple, les théoriciens de l'information distinguent trois cas d'intelligibilité possible entre un émetteur (supposons ici le rédacteur d'une lettre) et le récepteur (le public).

Premier cas, l'émetteur utilise un vocabulaire plus étendu que celui connu par le récepteur. Le message ne peut donc pas être compris.

Deuxième cas, l'émetteur utilise un vocabulaire plus étendu que celui connu par le récepteur, mais, quelques éléments du langage sont communs. Des éléments d'information sont donc compris.

Troisième cas, l'émetteur utilise un vocabulaire adapté dont tous les éléments sont connus du récepteur. Le message est donc compris dans sa totalité.

Autrement dit, pour être compris de notre lecteur, nous ne devons utiliser que le vocabulaire connu de lui.

Les publicitaires comme les journalistes parviennent à cet exercice. Dans l'administration, et compte tenu de la nature des messages, c'est plus difficile. Mais il est possible d'améliorer la compréhension des écrits administratifs et donc de mieux communiquer en évitant, ou en explicitant, les mots rares, les expressions techniques, les termes juridiques non connus du lecteur.

Il existe dans la langue française 5 000 mots fondamentaux.

Des chercheurs ont analysé et étudié les mots utilisés dans certains documents techniques ou juridiques adressés au grand public. Il apparaît que 5 % à 10 % des mots utilisés sont incompris : il s'agit soit d'expressions techniques ou juridiques non expliquées, soit de mots peu usités.

Comment améliorer notre rédaction pour être mieux compris du public ?

L'application des règles de lisibilité des documents administratifs (*fiches 9 et 10*) permet d'améliorer la qualité des écrits destinés au grand public. Un usage correct des mots et de la grammaire facilite aussi une bonne communication.

La consultation d'un ouvrage de grammaire et de conjugaison peut être nécessaire pour actualiser des connaissances parfois oubliées.

Seuls quelques points se rapportant à la rédaction administrative seront abordés ici.

Le genre des noms

L'accession des femmes à des fonctions de plus en plus diverses est une réalité qui trouve aujourd'hui sa traduction dans le vocabulaire.

L'usage qui laisse encore prévaloir le masculin tend à disparaître (ex. : Madame le Recteur).

On écrira, par exemple :
- « une chargée de mission », « une déléguée » ;
- « une éditrice » ;
- « une auteure », « une proviseure », « une ingénieure », « une professeure », « une procureure »…

Le nom des villes est en général masculin, mais il existe de nombreuses exceptions, peu connues du public. Pour plus de sécurité, il vaut mieux écrire par exemple : « La ville de Nantes est jolie. »

L'usage des mots

Un dictionnaire est conseillé chaque fois que nécessaire, en cas de doute. On constate souvent aujourd'hui que les médias ou les effets de mode introduisent fréquemment dans notre langage des expressions qui l'appauvrissent ou qui, tout simplement, sont utilisées dans un sens qui n'est pas le leur à l'origine.

En voici une liste à titre d'exemples.

Mots mal employés

Acceptation – acception

L'acceptation est le fait d'accepter. *Exemple* : « l'acceptation d'un contrat ».

L'acception marque la signification ou la préférence. *Exemple* : « Ce mot a plusieurs acceptions », « Choisissez-le, sans acception de personne (sans faire de préférence) ».

Alternative : choix entre deux possibilités

On dit : « Cette alternative m'embarrasse » et non pas : « Je suis placé entre deux alternatives. »

Atteindre la limite d'âge

On dit : « Cet employé, qui atteint la limite d'âge, va bientôt partir en retraite ». On ne dit pas : « Cet employé est atteint par la limite d'âge » (on atteint une limite, ce n'est pas la limite qui atteint l'individu).

Usage des préfixes auto-, socio-, qui sont souvent mal employés.

Exemples :

– S'autojustifier veut dire se justifier. Le pléonasme n'apporte rien de plus.

– Les catégories socioprofessionnelles sont des catégories professionnelles.

– Une manifestation socioculturelle est une manifestation culturelle (tout est « socio » puisque nous vivons en société).

Commémorer, c'est attiser la mémoire

On commémore la naissance d'un grand homme. On commémore l'armistice de la dernière guerre. Mais on ne commémore pas un anniversaire.

Intervenir

On intervient dans une conversation, dans une action en cours, on ne dit pas : « Un accord est intervenu » mais : « Un accord a été conclu. »

« Au niveau de »

Cette expression implique une idée de comparaison. Exemple : « au niveau national, au niveau départemental ».

Aujourd'hui, on l'utilise à tort en l'absence d'idées de comparaison, ce qui est une faute.

Ne pas dire : « Au niveau économique, au niveau social », mais : « En ce qui concerne…, pour ce qui est de…, du point de vue de… ».

« Pallier » est un verbe transitif

Il faut écrire : « Pallier un inconvénient » et non pas, « pallier à… ».

De même, les médias véhiculent des néologismes faciles mais à éviter dans les correspondances administratives (en particulier pour un grand public).

Exemples

À éviter (pour le grand public)	et à remplacer par :
auditionner	écouter, entendre
clôturer	clore
contacter	prendre contact
dimensionner	mesurer
générer	engendrer
ovationner	applaudir, acclamer
positionner	mettre en place
réceptionner	recevoir
réquisitionner	requérir
visionner	voir, regarder, assister à

De même, éviter les clichés divers, poncifs, expressions à la mode, qui n'ont pas leur place en rédaction administrative.

Exemple

Le troisième âge ; la cote d'alerte ; jusqu'à plus ample informé ; faire l'impasse sur ; lourd de menaces ; trouver un second souffle ; tirer la sonnette d'alarme ; le bout du tunnel ; passer à la vitesse supérieure…

En résumé, le langage joue un rôle important dans le fonctionnement du service public, en particulier dans sa façon de communiquer. Le choix de mots justes et précis et l'usage correct de la grammaire améliorent la communication des services de l'administration.

Au-delà de ces quelques règles de grammaire et de vocabulaire, rappelons que l'usage du français s'impose dans la rédaction administrative : en effet, la loi n° 94.665 du 4 août 1994 relative à l'usage du français ainsi que les circulaires du Premier ministre des 12 avril 1994 et 30 novembre 1994 rappellent l'obligation d'utiliser la langue française, « langue de la République » dans tous les écrits administratifs.

Dans toute correspondance administrative, il faut donc exclure les mots étrangers ou « franglais », même si ces mots sont à la mode et passés dans le langage courant, et s'assurer que l'écrit transmis sera bien compris de tous.

Exemple

Un boom, un planning, un listing, dispatcher, un cash-flow…

SAVOIR UTILISER CORRECTEMENT LES MAJUSCULES DANS LA RÉDACTION DES DOCUMENTS ADMINISTRATIFS

Le bon usage des majuscules, éléments du style administratif et de son protocole

Rappel des principes généraux

Les majuscules constituent une règle orthographique souvent utilisée sans discernement, parfois au goût du rédacteur.

Or les majuscules permettent de marquer des nuances, elles expriment des idées mais elles constituent aussi une règle du protocole que l'on ne peut ignorer en rédaction administrative.

On met obligatoirement une majuscule :
- en début de chaque phrase ;
- après les points d'interrogation, d'exclamation ou de suspension, s'ils marquent la fin d'une phrase ;
- aux initiales et aux sigles ;

> Attention à ne pas abuser des sigles qui peuvent nuire à la bonne compréhension d'un texte écrit. Une circulaire du Premier ministre du 2 janvier 1993 rappelle que « le recours à un sigle peut être admis si celui-ci est d'usage courant et a été développé dans le texte la première fois qu'il a été employé ».

- aux noms propres, par exemple : la Loire, la France, Nice, Louis Dupont, les Italiens, les Français. Mais on écrit : le peuple italien, le peuple français, *Le Monde*, *Le Figaro*, le jour de l'An.

Les jours de la semaine et les mois prennent une minuscule : jeudi 17 août.

Cas particuliers

Cas de noms propres comportant un adjectif. Ils prennent une majuscule au début de l'adjectif définissant le nom propre. *Exemple* : le mont Blanc ; le lac Majeur.

Si l'adjectif caractérise un terme géographique, il prend une majuscule. *Exemples* : le Bas-Rhin ; la Haute-Normandie ; les Pays-Bas.

L'article prend une majuscule quand il fait partie du nom propre. *Exemple* : Le Havre ; La Haye.

La majuscule est utilisée pour marquer une acception particulière d'un mot. *Exemples :* la Révolution (pour désigner la révolution de 1789) ; la Résistance (pour qualifier la période 1940-1945) ; la Renaissance (période historique).

Application à la rédaction administrative

Les règles relatives aux majuscules sont transposables en rédaction administrative.

En voici ci-après quelques conséquences dans la rédaction courante.

▶ On met une majuscule aux noms désignant le domaine traité par un ministère, un ministre…

Exemples

Le ministère de l'Éducation nationale ; le président de la République ; le ministre de l'Intérieur.

▶ On ne met pas de majuscules à ministre ou président sauf dans une formule d'appel (de la lettre).

Exemples

Monsieur le Ministre ; Monsieur le Président.

▶ Les noms d'organismes, d'associations, de sociétés prennent une majuscule au mot principal.

Exemples

- le Conseil supérieur de l'audiovisuel ;
- le Conseil municipal ;
- la Cour des comptes ;
- l'Assemblée nationale ;
- le Conseil constitutionnel ;
- la commission des Finances ;
- le ministère de l'Intérieur ;
- la préfecture de Police.

▶ On met une majuscule aux noms de dignités, titres et fonctions.

Exemples :

- Monsieur le Président ;
- Monsieur le Préfet ;
- Monsieur le Maire ;
- Monsieur l'Ambassadeur ;
- Madame la Présidente ;
- Sa Sainteté ;
- Sa Majesté ;
- Son Excellence.

▶ On met également une majuscule aux abréviations suivantes : M., Mme, Mlle, M^e, D^r (Monsieur, Madame, Mademoiselle, Maître, Docteur).

L'abréviation « Mr » pour Monsieur est un anglicisme.
Dans le corps de la lettre, on écrira « M. Dupont » mais dans l'adresse du destinataire, on notera « Monsieur Dupont ».

Enfin, il existe des règles de protocole à observer lorsque l'on s'adresse, par écrit, aux autorités étrangères. Ces règles sont précisées par les protocoles définis dans chaque État.

À noter également que le *Journal officiel* constitue une bonne source d'information sur ces usages, selon les règles protocolaires utilisées dans l'administration.

Quelques exemples de courrier protocolaire

 Exemple 1

Vous êtes chargé de préparer un courrier acceptant l'invitation du président de l'école d'équitation «Equiday», située dans votre région.

(Timbre)   Lieu, date
(Indications précisant l'administration
et le service d'où émane cette lettre)

    Monsieur le Président, *(formule d'appel)*

Vous avez bien voulu me convier à la présentation équestre de votre école prévue le...

Vous savez l'intérêt que je porte aux activités que vous dirigez et c'est donc avec plaisir que je me rendrai à votre aimable invitation.

Je suis certain que cette manifestation servira grandement la cause de l'équitation et permettra, une fois encore, de faire apprécier les techniques que vous avez mises au point et qui ont acquis une notoriété internationale.

Je vous prie d'agréer, Monsieur le Président, l'assurance de ma considération distinguée et de mes sentiments les meilleurs.
(Formule de politesse)

                                            Signature

(Souscription : adresse du destinataire)
Monsieur Louis DUBOIS
Président...

 **Exemple 2**

Votre directeur a reçu une invitation du président du conseil régional de X…, qui doit inaugurer le musée régional des arts martiaux. Vous déclinez l'invitation.

Lettre proposée :

(Timbre)   Lieu, date

Monsieur le Président du Conseil régional,

J'ai bien reçu votre invitation pour assister à la réception au cours de laquelle vous inaugurerez le « musée des arts martiaux ».

Je vous en remercie vivement.

Malheureusement, n'étant pas disponible à cette date, il ne me sera pas possible d'être parmi vous et j'en suis navré.

Avec mes regrets, je vous prie d'agréer, Monsieur le Président du Conseil régional, l'assurance de ma considération distinguée.

                                        Signature

Monsieur XX,
Président…

Ces exemples montrent les règles des majuscules dans les courriers administratifs et protocolaires.

Le respect de ces règles est important dans la communication entre autorités administratives et dans la relation avec le public.

SAVOIR UTILISER LES RÈGLES DE PONCTUATION DANS LA RÉDACTION DES DOCUMENTS ADMINISTRATIFS

La ponctuation remplit trois fonctions importantes :

- Elle facilite la compréhension du texte, en séparant ou en rapprochant les mots ou les idées selon les rapports qu'ils ont entre eux.
- Elle indique les pauses et les intonations à observer dans une lecture à haute voix.
- Elle permet souvent d'économiser des mots explicatifs.

La ponctuation fait donc partie intégrante de la rédaction et de la communication.

Une parfaite connaissance de l'usage de la ponctuation permet de donner au texte le maximum de clarté et de nuances. La rédaction administrative utilise donc ces règles pour mieux communiquer avec ses interlocuteurs.

Rappel des principes de la ponctuation

Le point (.)

C'est le signe de ponctuation le plus important. Il marque la fin d'une phrase, c'est-à-dire d'une unité complète de sens ; il joue un rôle majeur en matière de lisibilité (*voir fiches 9 et 10 sur les règles de lisibilité*) ; enfin, c'est le signe le plus facile à employer.

Les points de suspension (...)

Ils peuvent indiquer :

- Soit qu'une citation a été abrégée : ils sont alors souvent placés entre parenthèses (...) ou entre crochets [...] pour plus de clarté.

Exemple

«Lorsqu'ils sont particulièrement dignes d'intérêt [...], certains secteurs entiers des communes peuvent donner lieu à une stricte réglementation.»

▶ Soit qu'une énumération est incomplète.

On ne met jamais de points de suspension après le mot «etc.» qui se suffit à lui-même. On doit donc choisir l'une ou l'autre des formules: «etc.» ou «...».

Les deux points (:)

Ils annoncent une explication, une illustration, une énumération ou une citation. Ils peuvent aussi annoncer la cause, la conséquence, l'explication de ce qui précède:

Exemple

«Cette allocation est versée pour tout mois de présence à l'école: le mois calendaire au cours duquel débute ou s'achève la scolarité est considéré comme mois de présence.»

Les deux points permettent ainsi de faire l'économie de mots tels que «car, en effet, puisque, donc, par conséquent, c'est pourquoi».

Le point-virgule (;)

Il sépare et rapproche à la fois des éléments ou des propositions étroitement associés dans le discours. Comme il est plus fort que la virgule, il permet de distinguer clairement les deux éléments; mais comme il est plus faible que le point, il souligne qu'ils font partie d'une même unité logique.

Exemple

«La réadaptation fonctionnelle restitue à la victime d'un accident son aptitude physique générale; la rééducation professionnelle lui permet d'exercer à nouveau son ancienne profession ou d'en exercer une nouvelle.»

Le point-virgule peut ainsi marquer un balancement ou une opposition.

« Le subordonné propose ; le supérieur hiérarchique dispose. »

Enfin, le point-virgule se place après chaque alinéa précédé d'un tiret, sauf le dernier. Cette règle s'applique même si l'alinéa ne compte qu'un seul mot.

« La convention doit comporter trois volets :
• la préparation du projet ;
• la formation du chef d'entreprise ;
• le suivi de gestion. »

La virgule (,)

La virgule est sans doute le signe de ponctuation le plus délicat à utiliser et celui qui donne lieu aux fautes ou ambiguïtés les plus nombreuses.

Au mieux, une virgule en trop ou en moins perturbe la lecture ; au pire, elle peut dénaturer le sens d'un membre de phrase ou d'une phrase tout entière.

La comparaison de ces deux phrases fait apparaître ce risque d'ambiguïté :
« Les handicapés qui sont dépourvus de toute autonomie sont, généralement, placés dans des établissements » (la ponctuation, ici, indique que seuls sont ciblés les handicapés dépourvus de toute autonomie)

et :
« Les handicapés, qui sont dépourvus de toute autonomie, sont généralement placés dans des établissements » (la ponctuation, ici, indique que tous les handicapés sont dépourvus d'autonomie).

Autre exemple

Comparez la signification de ces deux phrases :
«Des délais de paiement pourront être accordés si nécessaire, m'en parler.»
et :
«Des délais de paiement pourront être accordés. Si nécessaire, m'en parler.»
Ici, la virgule et le point donnent un sens différent à chacune de ces deux phrases.

Ainsi, le style administratif traditionnel, avec ses phrases trop longues, multiplie les occasions de contresens. La rédaction de phrases courtes et ponctuées correctement diminue alors les risques d'incompréhension. L'observation des règles suivantes s'avère donc importante pour la lisibilité :

1. La virgule sépare des mots, des groupes de mots ou des propositions de même nature non reliés par une conjonction de coordination (mais, ou, soit, et, ni, or, car, donc…).

Exemple

«L'ensemble des administrations de l'État, administrations centrales, délégations, missions et services extérieurs sont soumis aux obligations édictées par cette loi.»

2. La virgule détache un complément ou une proposition circonstanciels, un adverbe ou une locution placés en tête de phrase :

Exemples

«Une fois ce délai écoulé, aucune demande ne sera plus acceptée.»
«… à titre d'exemple, un dossier de permis de construire, un registre d'enquête d'utilité publique ne sont pas des documents nominatifs.»
«Si vous constatez des anomalies, vous voudrez bien me les signaler immédiatement.»
«Le plus généralement, il n'existe aucune règle relative à la tenue des dossiers.»

« ... à cet égard, d'une manière générale, d'une part, d'autre part, par ailleurs, etc. »

Cependant la virgule est facultative lorsque le complément, l'adverbe ou la locution est assez court.

« Ici (,) il convient d'être prudent. »

3. Dans le cours d'une phrase, des virgules isolent les éléments ayant une valeur explicative ou accessoire, les compléments ou propositions circonstanciels, adverbes et locutions intercalés :

« Les fonctionnaires qui occupent un emploi à temps plein, à l'issue d'une période de travail à temps partiel, ne peuvent obtenir le bénéfice d'une nouvelle période de travail à temps partiel qu'après six mois d'exercice à temps plein de leurs fonctions. »

Toutefois, les virgules sont facultatives si l'élément intercalé est suffisamment court. Il vaut mieux alors ne les employer que si elles sont utiles à la clarté ou si l'on veut détacher les mots en suggérant une inflexion de voix :

« Vous voudrez bien informer (,) par courrier (,) les entreprises concernées par ces mesures. »
« Je vous adresse ci-joint (,) la liste des opérations prévues. »

4. Lorsque deux ou plusieurs éléments sont reliés par une conjonction de coordination, plusieurs cas peuvent être distingués :

a) Avec **ni** ou **soit** employés seulement deux fois et devant des éléments assez courts, on ne met généralement pas de virgule :

« Ces informations peuvent être obtenues soit sur place soit sur simple demande écrite. »

«Ce droit n'est subordonné ni à l'exercice d'une activité professionnelle ni à un plafond de ressources.»

b) Si **ni** ou **soit** sont employés trois fois ou davantage, on met des virgules à partir du deuxième :

Exemple

«La limite d'âge n'est applicable ni aux mères de trois enfants ou plus, ni aux femmes veuves ou divorcées non remariées, ni aux femmes séparées judiciairement, ni aux femmes célibataires ayant au moins un enfant à charge.»

c) En principe, on ne place pas de virgule devant «et». Cependant, on peut en mettre une si l'on a besoin de marquer une pause ou une distinction entre ce qui précède et ce qui suit :

Exemple

«L'achat de ces matériels représente un investissement très important, et cela impose que la décision soit prise au niveau central.»

d) Employée devant une autre conjonction (mais, car, donc, ainsi que…) et après une proposition assez longue, la virgule signale la fin de cette proposition et le début de la suivante. Elle contribue ainsi à la clarté de l'exposé.

Exemple

«Le système de points n'abroge pas le dispositif législatif et réglementaire en vigueur, mais s'y ajoute dans les conditions définies par la circulaire du…»

Deux erreurs très fréquentes à éviter

1. Placer une virgule entre un sujet et son verbe, ou entre un verbe et son complément d'objet direct ou indirect, sans qu'un mot ou un groupe de mots intercalés le justifie.

Exemples (virgules inutiles dans ces exemples) :
«Tout candidat se présentant après la lecture du sujet et le début de l'épreuve (,) ne sera pas autorisé à composer dans la matière en cause.»

« Je vous serais obligé de bien vouloir m'adresser (,) toutes les informations utiles que vous pourriez recueillir sur cette entreprise. »

2. Oublier l'une des virgules destinées à encadrer un mot ou un groupe de mots intercalés.

Exemple (virgules à ne pas oublier dans cette phrase) :
« Des autorisations peuvent être accordées (,) de façon ponctuelle (,) par le Préfet, aux personnes physiques dont la situation personnelle le justifie. »

Les parenthèses ()

Leur emploi ne soulève pas de difficultés particulières. Toutefois, il est recommandé de ne pas les multiplier, pour ne pas donner l'impression d'encombrer le texte d'annotations accessoires.

Le trait d'union (-)

Il fait partie de l'orthographe de certaines locutions :
1. Entre un verbe à la forme interrogative et un pronom personnel sujet :

Exemples

Aussi convient-il de… ; puis-je… ; peut-on…

2. Entre un verbe à l'impératif et un pronom complément :

Exemples

Adressez-moi ; demandez-le ; prenons-les…

3. À l'intérieur de tous les noms de lieux composés :

Exemples

Les Pyrénées-Atlantiques ; la Haute-Normandie ; la Grande-Bretagne ; les États-Unis ; la Nouvelle-Zélande…

4. Dans la plupart des autres mots et expressions composés :
« Exemples : chef-lieu ; avant-projet ; vice-président ; sous-préfet ;
maire-adjoint… »

Les guillemets (« »)

Ils servent principalement à transcrire des citations. Dans ce cas, le
texte qu'ils encadrent doit être rigoureusement conforme à l'original.
Les mots ajoutés pour la compréhension ainsi que les coupures
doivent être signalés par des parenthèses – ou des crochets – et des
points de suspension :

Exemple

« Une mesure provisoire […] est moins vulnérable en droit [en particulier devant les tribunaux administratifs] dès lors que s'établit une
exacte proportionnalité entre celle-ci et la nécessité d'ordre public
qui la motive. »

Les guillemets peuvent aussi signaler un mot nouveau, ou qui risque
d'être insolite pour le lecteur :

Exemple

« Vous pourriez satisfaire certains de vos besoins en main-d'œuvre
qualifiée en signant des "contrats emploi-formation". »

Enfin, dans la rédaction administrative, les guillemets ne doivent pas
servir à faire passer une expression impropre, peu correcte, familière,
voire argotique. Ou bien une expression convient, et elle n'a pas
besoin de guillemets ; ou bien elle est critiquable, et elle ne doit pas
être utilisée.

IDENTIFIER LES ÉLÉMENTS SPÉCIFIQUES DU LANGAGE ADMINISTRATIF POUR MIEUX LES UTILISER

Les notions d'intérêt général, de responsabilité et de reconnaissance de la hiérarchie au sein de l'administration ont été précisées précédemment (*fiche 2*). Elles sont à l'origine de formules spécifiques en usage dans l'administration et fondent le style administratif.

Le langage administratif traduit l'homogénéité et la correction dans la forme. Il affirme l'autorité de la puissance publique, sa responsabilité, son engagement. Il se traduit par des formules claires et précises.

L'emploi de la première personne du singulier

Il est de rigueur dans la rédaction administrative. La première personne du pluriel « nous » n'est jamais employée.

L'autorité qui signe, ou délègue sa signature, exprime son opinion et engage sa responsabilité :

Exemples

- j'estime… ;
- je vous informe… ;
- j'ai l'honneur de… ;
- je vous serais obligé de… ;
- je vous invite à…

La forme impersonnelle doit être évitée, mais elle est toutefois admise pour une plus grande objectivité (et pour respecter l'obligation de réserve, c'est-à-dire l'interdiction de citer des noms de personnes).

Exemples

- il apparaît que…
- il convient de…

Ou pour indiquer une marche à suivre.

Exemple :

- il y aura donc lieu de…

Enfin, elle se justifie lorsqu'on fait état de renseignements, ou de faits, dont on ne veut pas révéler l'origine.

Exemples

- mon attention a été appelée sur… ;
- j'ai été saisi de… ;
- il a été constaté que… ;
- il m'a été indiqué que…

L'usage du pronom indéfini « on »

Il vaut mieux éviter cet usage systématique qui alourdit le style et nuit à la clarté de l'exposé en le rendant trop impersonnel.

Exemples

- on est conduit à penser… ;
- on ne manquera pas d'ajouter…

« On » peut être employé si l'opinion émise résulte uniquement du contexte, ou si elle concerne un principe général.

Exemples

- on sait que… ;
- on peut se demander si… ;
- on peut objecter que…

Ainsi on dira : « On peut penser que ces dispositions (que l'on vient d'exposer) sont de nature à faciliter les démarches des usagers. »

Le langage administratif et les règles de la hiérarchie

Selon une célèbre formule de Jean Gandoin[1], «le subordonné propose, le supérieur dispose».

Le respect de la hiérarchie s'impose dans la rédaction administrative : nous l'avons vu dans la règle du «sous couvert» qui prévoit, lors d'une transmission d'un document, son passage par différentes autorités administratives.

Le respect de la hiérarchie s'exprime également par la déférence due par un fonctionnaire à son supérieur.

Ce respect de la hiérarchie se traduit dans le vocabulaire utilisé (*voir tableau ci-après*).

Le langage administratif et le respect de la hiérarchie dans les écrits

Rapport hiérarchique	Pour informer	Pour inciter	Pour demander
Langage utilisé par un supérieur vers un subordonné	Il fait savoir Il fait connaître Il fait observer Il fait remarquer *Exemples :* Il m'a été signalé… Je tiens à porter à votre connaissance que… **Pour envoyer** Il envoie Il retourne Il renvoie	Il prie Il engage Il convie Il invite Il ordonne Il prescrit *Exemples :* Il vous appartient de… Il vous appartiendra de… Vous voudrez bien… Je ne puis que vous laisser le soin de…	*Exemples :* Je vous prie de bien vouloir Je désire que Je vous prie de veiller à… Je vous serais obligé de… Il y a lieu de… Il conviendrait de… Il importe de… Il est souhaitable, indispensable, nécessaire de…

1. Ancien haut fonctionnaire et préfet, auteur de nombreux ouvrages sur la rédaction administrative et le protocole.

Langage utilisé par un subordonné vers un supérieur	Il rend compte Il expose Il soumet Il a l'honneur de porter à la connaissance de… Il appelle l'attention sur… **Pour envoyer** Il fait parvenir Il transmet	Il suggère Il propose Il croit devoir souligner… Il estime devoir Il a cru devoir Il pense devoir recommander de Il est conduit à Il croit utile de	Il demande de bien vouloir… Il présente à l'agrément de… Il soumet à l'appréciation… Il sollicite *Exemples:* Je vous serais reconnaissant de bien vouloir… Je vous serais très obligé de bien vouloir… Je vous serais obligé de…

«Porter à la connaissance» s'utilise dans les deux sens de la hiérarchie.

Remarques sur quelques expressions usuelles

Quelques expressions, courantes dans le langage administratif, sont parfois utilisées de façon impropre.

Usage du futur ou du conditionnel

Dans l'exemple: «je vous serais (serai) obligé de…»

L'usage du futur (*serai*) signifie un ordre, une injonction. Cette rédaction ne convient donc pas à l'égard d'un supérieur hiérarchique. Elle revient à dire: «À l'avenir vous ferez attention!»

L'usage du conditionnel (*serais*) confère un caractère plus empreint d'amabilité. Cela équivaut à une forme de politesse qui revient à dire «si vous le voulez bien». Dans les correspondances administratives, le conditionnel est souvent utilisé pour son caractère courtois.

Utilisation du «à» et du «pour»

L'expression: «Note *à* Monsieur le Directeur», ou «Note *pour* Monsieur le Directeur», est fréquemment utilisée en rédaction administrative.

Or certains auteurs limitent l'utilisation du « à » à la hiérarchie ascendante, et du « pour » à la descendante, mais d'autres préconisent l'inverse.

Afin d'éviter toute ambiguïté, il est préférable d'utiliser la formule « note à l'attention » (et non « l'intention de ») qui est correcte dans les deux sens de la hiérarchie.

Exemple

« Note à l'attention de Monsieur le Directeur ».

Utilisation des formules « bien vouloir » et « vouloir bien »

La formule « bien vouloir » est d'usage fréquent en rédaction administrative mais son application peut soulever quelques difficultés.

Exemples

Comparer les deux formes : « Je vous serais obligé de bien vouloir me faire connaître si ces propositions rencontrent votre agrément » et : « Je vous prie de vouloir bien noter… »

« Bien vouloir » traduit une certaine considération, suppose un geste de bon vouloir. Cette expression traduit donc une certaine courtoisie.

Mais « vouloir bien » traduit une forme plus impérative, plus appuyée, elle renforce l'action formulée par le verbe.

On n'utilisera donc pas cette dernière formule à l'égard d'un supérieur hiérarchique.

La prudence

Le langage administratif témoigne toujours d'une grande prudence car la responsabilité de l'État peut être engagée, nous l'avons vu, sur la base d'une faute, ou sans faute.

L'administration n'a donc pas le droit à l'erreur. Aussi la rédaction doit-elle être précise, recourir à des mots porteurs de sens et se fonder sur des faits certains, prouvés et étayés.

Toutefois, l'extrême prudence ne doit pas laisser place à des formules trop vagues, neutres ou impersonnelles qui nuisent à la qualité du message à transmettre.

Cette prudence parfois excessive dont fait preuve l'administration apparaît, d'une part, dans l'usage du conditionnel, d'autre part, dans le choix de formules traduisant une certaine circonspection dans l'affirmation.

Exemples

Ainsi, les expressions «semble-t-il ; à mon avis ; en ce qui me concerne ; pour ma part ; d'une manière générale ; sous réserve que ; sans préjuger ; quoi qu'il en soit ; il n'en demeure pas moins ; dans la mesure du possible ; notamment, cependant, toutefois…» permettent de nuancer des propos.

Ces formules sont donc très utiles. Mais attention à ne pas traduire une trop grande prudence quand elle ne se justifie pas.

La neutralité et l'objectivité caractérisent le langage administratif

Au service de l'intérêt général, l'administration se doit d'être impartiale, objective, neutre et sereine. Ces caractères transparaissent dans le style administratif. Il rejette tout terme, toute expression ayant un caractère subjectif, arbitraire, émotionnel.

Cette absence de chaleur humaine a longtemps prévalu en rédaction administrative et ce principe s'affirme encore aujourd'hui chez certains rédacteurs. Toutefois, on constate aussi une évolution du langage administratif vers une meilleure pratique de communication.

Dans des lettres personnelles annonçant ou félicitant le destinataire d'un fait heureux le concernant (une nomination, une promotion par exemple) ou au contraire, un échec, on peut utiliser les expressions :
- j'ai le plaisir de…
- il m'est agréable de…
- j'ai le regret de…

Toutefois, ces formules ne sont pas toujours validées par le signataire (qui estime qu'il obéit à la loi, « sans état d'âme » et choisit plutôt l'expression « je vous informe que… »).

La courtoisie et la politesse

La politesse dans le style administratif est liée à l'exercice de l'autorité.

Exempte d'éléments passionnels, respectueuse de la hiérarchie sur laquelle se fonde l'organisation de l'administration, la rédaction administrative est toujours très courtoise.

Cette politesse se manifeste par l'absence de tout qualificatif désagréable ou péjoratif, même dans le blâme :

Exemples

Il me paraît regrettable que… ; je déplore que… ; il eut été préférable que… ; vous voudrez bien me faire connaître les conditions dans lesquelles vous avez cru devoir…

Ces exemples montrent que la politesse et la courtoisie n'excluent pas la fermeté.

De plus, la politesse de l'expression permet à l'administration de présenter, de façon atténuée, des décisions qui ne vont pas toujours dans le sens souhaité par le demandeur.

Exemples

En l'état actuel… ; il ne m'est pas possible dans les circonstances présentes… ; je ne manquerai pas, dès que les circonstances le permettront… ; j'ai pris bonne note de votre désir…

À l'adresse d'un supérieur, des nuances de style marqueront la déférence qui est due ; ainsi un subordonné :

Exemples

« Rend compte ou expose » à son chef, plutôt qu'il l'informe ; « sollicite de lui », plutôt qu'il lui demande ; « le prie de bien vouloir » (et non de « vouloir bien »).

La clarté, la précision, la concision

Dans les écrits, notamment ceux destinés au grand public, le rédacteur doit rendre clair ce qui peut être obscur.

La clarté apparaît dans le choix des mots, la construction des phrases, des paragraphes, du document dans son ensemble.

La mise en page, les espaces, les alinéas confèrent également une plus grande clarté au document.

En fait, est clair un document que l'on a envie de lire par sa présentation, objet de la partie ci-après, mais aussi par la construction des phrases et le choix des mots.

La concision impose la recherche de termes précis et une démonstration rigoureuse afin de donner au texte le maximum de sens dans un minimum d'espace. Les écrits trop longs ne seront pas lus.

Quant à la précision, elle conduit souvent à ajouter des phrases, des idées, des périphrases. Elle peut parfois entraîner des longueurs excessives et même un certain délayage ou verbiage qui occulte les idées principales.

L'art de la rédaction administrative consiste à trouver le juste équilibre.

CONNAÎTRE ET PRÉSENTER LES DOCUMENTS ADMINISTRATIFS

La présentation matérielle des documents administratifs

Un document bien présenté et correctement mis en page donne envie d'être lu. Les spécialistes de la presse, de la publicité, de l'édition le savent et en tirent profit. Dans l'administration, cet exercice est plus difficile mais l'application de quelques règles permet d'y parvenir.

La phrase

Un défaut essentiel en rédaction administrative consiste à rédiger des phrases trop longues et d'une construction trop complexe.

Pour être bien comprise du lecteur, et par tous les publics, une phrase doit comporter de quinze à vingt mots (selon les publics à qui on s'adresse) (*voir fiches 9 et 10 sur la « lisibilité »*).

Elle doit, en outre, être construite simplement – sujet-verbe-complément – et éviter les « enchâssements », c'est-à-dire les groupes de mots qui sont intercalés, entre deux virgules, entre le sujet et le verbe, ou le verbe et son complément d'objet.

> **Exemple**
>
> « Vous avez la possibilité de demander, en cas d'aggravation permanente de votre état survenant à tout moment pendant un délai de deux ans à partir de la date indiquée sur la première page, une nouvelle fixation de votre rente. »

Pour corriger ce type de construction, il suffit de rédiger plusieurs phrases courtes :

> « Si votre état s'aggrave de manière permanente, vous pouvez demander une nouvelle fixation de votre rente. Vous pouvez le faire dans un délai de deux ans à partir de la date indiquée sur la première page. »

Le paragraphe

Le lecteur doit être guidé dans la compréhension du texte qu'il lit. La tradition littéraire nous a légué, en ce domaine, des règles qui permettent un cheminement logique des idées. Un texte doit donc être construit avec des chapitres, des paragraphes, des alinéas et des phrases.

Ainsi, le **chapitre** est divisé en **paragraphes**. Le **paragraphe** est divisé en **alinéas**. L'**alinéa** est divisé en **phrases**.

Les rédacteurs actuels oublient souvent l'existence de l'alinéa. **Alinéa** et **paragraphe** sont devenus synonymes. Cette pratique ne sert cependant pas la cohérence et la clarté du texte.

Un paragraphe peut comporter plusieurs idées et il peut exister des nuances entre ces idées. L'alinéa permet de souligner ces particularités. Il individualise une idée tout en manifestant son appartenance à un ensemble plus vaste : le paragraphe.

Deux alinéas ne sont jamais séparés par un double interligne.

Le plan

Tous les documents administratifs, même les lettres les plus courtes, doivent être structurés selon un plan logique qui constitue un véritable guide pour le lecteur (il trace, en effet, le sens de raisonnement, développé par le rédacteur).

Le plan permet de démontrer, d'argumenter, de conduire le lecteur là où le rédacteur veut le conduire.

La technique de rédaction du plan sera plus particulièrement développée dans la partie consacrée à l'élaboration de la note (*fiches 18 et suivantes*).

Schéma du plan des documents administratifs

Nous présentons son déroulé ci-dessous.

L'introduction

Elle est *toujours nécessaire* pour exposer ou rappeler brièvement au destinataire, et au signataire, les données principales de l'affaire. Elle peut contenir une *amorce de plan*, mais *doit rester brève* (elle rappelle le thème traité et la problématique développées ensuite).

Le développement

Il doit :
- Énoncer les éléments divers *selon un ordre logique. Exemple* : *a*) Exposé des difficultés ; *b*) Leurs causes ; *c*) Les solutions possibles (avantages et inconvénients de chacune d'elles).
- Respecter la *règle de l'intérêt croissant* (du général vers le particulier) (voir exemple ci-après).
- Se fonder sur la *chronologie des faits.*

La conclusion

Elle doit rester brève, mais doit demeurer claire et précise. Le destinataire ne doit pas avoir de doute :
- sur ce qu'on lui demande de faire ;
- sur le bien-fondé de la proposition qui lui est soumise ou sur la décision qu'il doit prendre.

 Exemple de la règle de l'intérêt croissant dans une lettre

(Timbre)   Paris, le 22 mars 20..

NATURE ET PAYSAGES

Nᵒˢ références :

XX/YY/222/20..

Monsieur le Préfet,

Nature et Paysages, association nationale reconnue d'utilité publique, a pour but de sauvegarder dans toute la France les espaces naturels et les sites dont l'intérêt mérite une protection absolue. *(Présentation, objet de la lettre de l'association.)*

Cette mission appelle Nature et Paysages à détecter à travers toute la France les sites qui justifient son intervention.

Pour ce faire, notre association recense actuellement tous ceux qui, au niveau local, départemental ou régional, poursuivent les mêmes objectifs que les siens. *(Présentation des missions.)*

Afin de mener à bien ces recherches, nous vous serions très reconnaissants de bien vouloir nous communiquer la liste des membres de la Commission des sites de votre département. *(Objet de la lettre. Son développement respecte ici la règle de l'ordre croissant.)*

Dans l'attente de votre réponse *(conclusion)*, nous vous prions de croire, Monsieur le Préfet, en l'expression de nos sentiments les meilleurs.

Le Délégué général
Signature

Ces règles de construction des documents concernent une grande partie des écrits de l'administration.
Il en est ainsi pour :
- les lettres (en forme administrative ou personnelle) ;
- les notes et notes de service ;
- les instructions et circulaires ;
- les fiches…

Et attention si vous vous présentez aux épreuves écrites des concours administratifs : l'observation de ces règles compte pour une bonne part dans les critères de sélection des jurys (*voir fiche 19*).

CONNAÎTRE LES EXPRESSIONS ET FORMULES UTILISÉES DANS LA RÉDACTION ADMINISTRATIVE

Pour compléter la présentation des caractères du style administratif, voici des expressions et formules utilisées dans la rédaction des écrits administratifs.

Locutions verbales introductives

1. Formules s'inscrivant au début des lettres, notes, circulaires.

- j'ai l'honneur d'appeler votre attention sur...
- j'ai l'honneur de vous informer de...
- j'ai été saisi d'une question relative à...
- vous avez bien voulu m'informer de...
- il m'a été signalé que...
- mon attention a été appelée sur...

2. Formules s'inscrivant généralement au début des lettres, notes, circulaires, en réponse à une correspondance.

- vous avez appelé mon attention sur...
- vous m'avez saisi de...

Dans certaines circonstances, on atténue le caractère direct de la phrase par une formule de courtoisie.

Exemples

Vous avez bien voulu appeler mon attention... ; vous avez bien voulu me signaler...

Et le plus souvent, dans une réponse, on se réfère à la demande reçue. On utilise dans ce cas les formules ci-après :

– par lettre du… ;
– par lettre rappelée en référence… ;

Mais attention, on ne dit pas : « Par lettre en date du… ». Ce qui est pléonasme, d'usage fréquent dans les lettres administratives, et à éviter !

Locutions verbales d'exposition

1. Des verbes confèrent à la phrase une certaine autorité excluant l'incertitude d'interprétation :

Exemples

Je constate… ; je note… ; j'observe… ; je signale… ; j'ajoute… ; je précise… ; je souligne… ; je confirme… ; je rappelle… ; je considère… ; j'estime… que…

2. Souvent, ces verbes sont introduits par l'un ou l'autre des auxiliaires suivants :

▶ se permettre de… ;
▶ croire, estimer, devoir… ;
▶ ne pouvoir que…

Exemples

Je ne peux que constater… ; je me permets de signaler… ; je crois devoir vous rappeler…

L'utilisation de ces auxiliaires répond au désir de renforcer le verbe qui suit.

3. Autres formules :

Exemples

Prendre note de… ; il est entendu que… ; il n'est pas douteux que… ; il n'est pas question de, que… ; il n'est pas exclu que… ; ne pas douter que… ; ne pas ignorer que… ; ne pas manquer de… ; ne pas sous-estimer…

4. L'utilisation de l'auxiliaire « savoir » sert à souligner l'impossibilité d'une réponse favorable.

Exemples

Il ne saurait être question de… ; il ne saurait vous échapper… ; vous ne sauriez ignorer que…

Attention de ne pas confondre les auxiliaires « savoir » et « être » dans les formules : « je vous saurais gré (savoir) ; je vous serais obligé (être) ».

Locutions verbales de conclusion

1. Les locutions impersonnelles :

Exemples

Il convient de… ; il importe de… ; il y a lieu de… ; il est (ou) il paraît indispensable…, nécessaire…, opportun…, préférable…, souhaitable de…

Exemples de conclusions

- Il y a donc lieu de faire exécuter immédiatement la disposition prévue…
- Il est indispensable que vous interveniez rapidement…
- Il serait opportun que vous sollicitiez…

2. Verbes que l'administration emploie le plus communément à la première personne lorsqu'elle veut donner un ton direct et impératif à ses intentions et à ses décisions :

Exemples

Décider que… ; demander que… ; désirer que… ; se réserver de… ; engager à… ; enjoindre de… ; inviter à… ; ordonner de, que… ; prier de…

Exemples de phrases

- J'ai décidé que cette affaire n'aurait pas de suite…
- Je me réserve de trancher les cas litigieux…
- Je vous enjoins de faire cesser sans délai cette activité…

- Je vous invite à la plus grande diligence…
- Je vous prie de me saisir des difficultés éventuelles…
- Je vous convie à examiner cette question avec mes services…
- Je vous engage à tenir compte des arguments qui précèdent…

3. Verbes que l'administration utilise, de façon impérative, mais avec nuances :

Exemples

Je vous enjoins, (je vous ordonne) ; je vous invite, (moins impératif) ; je vous prie ; je vous convie ; je vous engage.

Autres locutions

Exemples

Veiller à… ; être obligé de… ; être reconnaissant de… ; savoir gré… ; présenter – ou soumettre – à l'appréciation… ; présenter – ou soumettre – à l'approbation… ; présenter – ou soumettre – à la signature… ; rendre compte de…

Exemple de phrase

« Je vous prie de vouloir bien me rendre compte des dispositions que vous aurez prises. »

Adverbes et locutions adverbiales, conjonctives
et prépositives

Locutions indépendantes du reste de la phrase, utilisées soit pour limiter ou étendre une position, soit pour servir de transition d'une idée à une autre, d'un paragraphe à un autre.	*Exemples :* à mon avis… ; à mon sens… ; pour ma part… ; en ce qui me concerne…
Locutions permettant de préciser une idée.	*Exemples :* à cet égard… ; à ce sujet… ; en ce qui concerne… ; en ce sens… ; en d'autres termes… ; en effet… ; en fait… ; en l'espèce… ; en l'objet… ; en particulier… ; en principe… ; entre autres… ; notamment… ; de surcroît… ; sans doute… ; sous cet angle, sous cet aspect, à cet égard…

Locutions habituellement utilisées pour résumer et renforcer une idée.	*Exemples*: au demeurant...; au surplus...
Locutions permettant d'étendre la portée de l'idée.	*Exemples*: à tous égards...; d'une manière générale, d'une façon générale...; en tout cas...; en tout état de cause...
Locutions permettant d'indiquer les étapes de l'exposé et d'en clarifier la présentation. Il est souvent préférable, surtout dans les notes et les circulaires, de numéroter simplement les paragraphes.	*Exemples*: tout d'abord...; en premier lieu, en second lieu...; ensuite...; enfin...; pour terminer...; en conclusion...; en définitive, en résumé...; d'une part..., d'autre part...; en outre...; par ailleurs...
Locutions permettant de caractériser l'importance d'une donnée, d'un argument ou d'une prescription.	*Exemples*: à titre principal...; à titre secondaire, accessoire, subsidiaire...; à titre exceptionnel...; à titre de compte rendu, d'information... *Exemple de phrase*: Je vous signale, à titre accessoire, que...
Les restrictions et réserves sont amorcées par des adverbes.	*Exemple*: cependant...; mais...; toutefois...
Locutions annonçant une conclusion.	*Exemples*: ainsi...; aussi...; dans ces conditions...; en conséquence...
Locutions de transition.	*Exemples*: d'une part, d'autre part...; en outre...; par ailleurs...; à l'opposé, en sens contraire...; en revanche...
Locutions apportant une précision d'ordre temporel.	*Exemples*: au fur et à mesure... dès maintenant...; d'ores et déjà...; sans délai...; sans tarder...
Adverbes qualificatifs.	*Exemples*: accessoirement...; aisément...; assurément...; généralement...; hautement...; immédiatement...
Locutions référentielles.	*Exemples*: Par lettre du...; en réponse à...;» «Pour répondre à... (*s'utilise surtout au cours du raisonnement*); le texte cité, rappelé, visé en référence...; précité...; susvisé (*concerne un document déjà «visé» dans le texte*).

Locutions pour spécifier.	*Exemples :* à charge de… ; à compter de… ; aux termes de… ; compte tenu de… ; conformément à… ; en cas de, dans le cas où ; en considération de… ; en accord avec… ; en conformité avec… ; en liaison avec… ; en raison de… ; en vertu de… ; étant donné… ; eu égard à… ; outre, outre que… ; vu…
Locutions restrictives.	*Exemples :* à l'exception de… ; à l'exclusion de… ; dans la mesure où… ; en dépit de… ; pour autant que… ; sans préjudice de… ; sous réserve de…
Autres locutions.	*Exemple :* à l'appui de… ; à l'encontre de… ; au cas où, dans l'hypothèse où…, si… ; dans l'esprit de… ; du point de vue de… ; en qualité de… ; en tant que… ; pour le compte de… ; dans un délai de… ; sous forme de…
Locutions permettant d'indiquer une finalité.	*Exemples :* à cet effet… ; à cette fin… ; afin de… ; à titre de… ; à toutes fins utiles… ; ayant pour objet de… ; dans le but de… ; de façon à… ; de nature à… ; en conséquence… ; en vue de… ; par suite… ; pour… ; pour ces motifs… ; tendant à…

Quelques rappels

L'administration use de termes spécifiques dans des cas particuliers. Voici ci-dessous les plus fréquents.

Le sens des mots

Abrogation	Abolition d'une disposition législative ou réglementaire.
Adopter	Approuver, voter.
Afférent	Qui se rapporte à.
Ajourner	Reporter un jugement ou une décision à une date ultérieure.
Amender	Modifier un projet de texte.
Ampliation	Copie authentique d'un acte.
Assujettir	Soumettre à une taxe ou à un impôt.

Astreinte	Condamnation judiciaire au paiement d'une somme journalière jusqu'à ce que le condamné ait rempli ses obligations.
Avenant	Acte modifiant les clauses d'un contrat.
Ayant droit	Personne à qui sa qualité ou ses titres permettent d'exercer une action.
Citation	Sommation à comparaître devant les tribunaux.
Compétence	Droit reconnu à autorité de connaître une action, un sujet.
Contreseing	Deuxième signature apposée sur un acte pour authentifier la première ou indiquer un engagement solidaire.
Débet	Somme dont un comptable est déclaré débiteur.
Déchéance	Perte d'un droit par inaccomplissement d'une formalité ou inexécution d'une obligation.
Déférer	Traduire devant une juridiction.
Dégrèvement	Diminution d'impôt accordée soit à la suite d'une erreur soit par remise gracieuse.
Dessaisir	Retirer à un juge ou à une autorité administrative une affaire préalablement soumise à sa décision.
Dispositif	Partie d'un jugement contenant la décision du juge.
Errements	Manière habituelle d'agir.
Évocation	Pouvoir donné à une autorité supérieure de se saisir d'une affaire traitée par une autorité subordonnée.
Exercice	Durée dans laquelle s'inscrit normalement une procédure (exemple : un exercice comptable).
Exonérer	Dispenser d'un paiement ou d'une obligation de faire.
Forclos	Situation de celui qui est déchu de ses droits de poursuivre une action.
Liquider	Calculer.
Mandater	Payer.
Moyen	Argument juridique invoqué à l'appui d'une demande ou d'une défense en justice.
Notifier	Porter une décision à la connaissance de l'intéressé.

Pourvoi	Voie ouverte par la loi pour attaquer les décisions judiciaires non susceptibles d'une autre voie de recours.
Rapporter	Annuler pour l'avenir les dispositions d'un acte ; exposer un texte.
Requête	Demande.
Ressort	Territoire sur lequel s'exerce la compétence d'une autorité ou d'un juge.
Sanctionner	Approuver une décision.
Saisir	Demander à une autorité ou un juge de se prononcer.
Statuer	Se prononcer.
Surseoir	Interrompre momentanément les effets d'une décision.
Suspendre	Interrompre les effets d'un texte.
Viser	Attester par une signature que l'on a pris connaissance d'un document ; se référer à.

COMPRENDRE L'INTÉRÊT DES RÈGLES DE LISIBILITÉ POUR MIEUX COMMUNIQUER

« Avant donc que d'écrire, apprenez à penser,
Selon que votre idée est plus ou moins obscure,
L'expression la suit, ou moins nette ou plus pure,
Ce que l'on conçoit bien s'énonce clairement,
Et les mots pour le dire arrivent aisément. »

Boileau

Définir les notions de base des règles de lisibilité

L'administration communique mieux en améliorant sa communication.

Les documents administratifs permettent à l'administration de diffuser des informations diverses au public.

Pour mieux se faire comprendre, ses écrits doivent être compris, donc lisibles.

L'application, au langage administratif, des règles de lisibilité permet alors de mieux prendre en compte les différences de niveaux et de connaissances qui peuvent exister entre le rédacteur et le lecteur, donc de mieux communiquer.

Les notions de base des règles de lisibilité

L'origine des règles de lisibilité

Le langage administratif est souvent qualifié, de la part du public, d'obscur, complexe, difficile, inaccessible, inintelligible, ambigu, désuet et archaïque…

Malgré les efforts entrepris pour améliorer les relations entre l'administration et les usagers, ces critiques persistent encore.

Il n'est pas facile de bien rédiger. En fait, l'apprentissage de la grammaire et de l'orthographe permet au rédacteur d'écrire correctement, mais cela ne suffit pas pour être lisible. Il n'est donc pas aisé de simplifier et de faire passer un message qui sera bien compris et bien retenu par son destinataire.

Pour écrire de façon lisible, il faut connaître les mécanismes qui déterminent la bonne perception d'un message et adapter sa rédaction aux exigences d'une réception plus facile. Il n'existe pas de recette, mais des critères objectifs et précis dont nous devons tenir compte au moment de la rédaction : ce sont les **règles psychologiques de lisibilité.**

Les règles de lisibilité

Ces règles font partie d'une discipline : la psycholinguistique. Elles sont fondées sur l'étude des conditions les plus favorables pour lire plus facilement. Elles concernent donc tous les écrits adressés au public.

Nées d'observations, de tests, de contrôles et de vérifications, elles ont pris forme aux États-Unis à partir de travaux réalisés par des psychologues vers les années 1940. Ces règles n'ont été introduites en France que très tardivement. C'est André Conquet qui en a signalé le premier l'intérêt, en 1954. Depuis 1960, François Richaudeau a poursuivi les recherches en ce domaine. Plus tard, en 1977, l'ARAP (Association pour l'amélioration des rapports entre l'administration et le public) a présenté une application de la lisibilité aux écrits administratifs.

Aujourd'hui, de nombreuses publications ont été réalisées (dont celles du COSLA – Comité d'orientation pour la simplification du langage administratif, sous l'égide des services du Premier ministre). Toutefois, ces règles restent encore assez méconnues de l'administration et seuls les milieux de la presse, de la publicité et de l'édition en tirent profit.

Les fondements des règles de lisibilité

Les travaux réalisés reposent sur l'observation et l'interprétation du mode de fonctionnement de la mémoire.

Toute perception d'un message (la lecture étant une perception) n'est possible que grâce à la mémoire. La mémoire fonctionne à deux niveaux : un niveau de mémoire à court terme ou de mémoire immédiate, et un niveau de mémoire à long terme.

Lorsqu'un lecteur lit, c'est la mémoire à court terme qui enregistre le sens du message. Mais la mémoire à court terme est limitée, à la fois en durée et en capacité. Sa durée varie en moyenne de huit à vingt secondes. Au-delà, l'information est perdue. Pendant ces quelques secondes, elle traite quinze ou trente mots selon le niveau de culture et la faculté du lecteur.

Un lecteur comprend ce qu'il lit par blocs de mots (ou séquences) d'une longueur plus ou moins grande. C'est ce que les chercheurs appellent l'empan de mémoire.

Ainsi, si une phrase excède cette longueur, elle ne peut plus être traitée par la mémoire à court terme. Le lecteur doit alors relire une ou deux fois la phrase pour la comprendre (c'est d'ailleurs ce qu'un agent public fait parfois quand il lit un texte administratif qui contient des phrases trop longues). C'est ce que les spécialistes appellent la régression. Aussi, pour enregistrer un message, la mémoire à court terme doit en avoir compris le sens en quelques secondes.

Le lecteur doit donc avoir lu et compris des informations complètes en quelques secondes. Il doit avoir trouvé une phrase construite avec un sujet, un verbe et un complément, en huit à vingt secondes, pour que la mémoire à court terme enregistre les informations.

Ce principe de fonctionnement de la mémoire à court terme permet de dégager une **première règle de lisibilité des écrits : les phrases doivent être courtes et bien construites.**

Une fois le message perçu, la séquence est alors stockée dans la mémoire à long terme. Pour cela, il faut que celle-ci puisse la rattacher à une information qu'elle possède déjà, c'est-à-dire, selon les chercheurs, qu'elle fasse partie du domaine des connaissances.

D'une durée et d'une capacité plus grandes, la mémoire à long terme peut conserver longtemps les informations emmagasinées : vingt-quatre heures, ou davantage si de nouveaux messages viennent compléter ou confirmer ceux déjà acquis.

La mémoire à long terme fonctionne, en général, sans qu'on y fasse attention lorsqu'on lit un document relevant du domaine des connaissances déjà acquises.

Ce principe de fonctionnement de la mémoire à long terme permet de dégager **une seconde règle de lisibilité des écrits : le langage doit être simple et précis, surtout si on ne connaît pas le niveau de connaissance du lecteur à qui on s'adresse.**

La compréhension de ces mécanismes, brièvement décrits, a permis d'apporter un éclairage nouveau en faveur d'une amélioration de la rédaction administrative.

Elle révèle surtout que la phrase longue, qui a toujours été considérée comme une caractéristique normale, voire nécessaire dans le style administratif, apparaît aujourd'hui comme un grave défaut.

Il arrive encore souvent de trouver des circulaires comportant des phrases d'une longueur de quarante mots et plus. Le lecteur doit alors relire ces phrases plusieurs fois pour en comprendre le sens, mais il risque aussi de mal interpréter son contenu et de mal appliquer une réglementation.

En rédaction administrative, il faut donc ajuster les phrases à la personne à qui l'on s'adresse. Cela signifie que :

- Les phrases des écrits destinés à un **public averti** peuvent comporter de **vingt à vingt-cinq mots** ;
- les phrases des écrits adressés au **grand public** devront être plus courtes, de **douze à dix-sept mots** ;
- pour un **public non familiarisé** avec les écrits, les phrases devront parfois être encore plus courtes, de **huit à dix mots.**

Appliquer les règles de lisibilité pour améliorer la rédaction administrative

De la connaissance de ces mécanismes, des règles de lisibilité ont été définies : elles concernent **le choix des mots** et leur **assemblage en phrases**.

Au-delà des mécanismes liés au fonctionnement de la mémoire, les chercheurs ont également montré que sa nature affective, et non rationnelle, a aussi une incidence importante sur notre faculté à se souvenir des informations reçues. Ils en ont dégagé un certain nombre de consignes regroupées sous **la règle de l'intérêt humain**.

Si les règles de lisibilité garantissent une lecture facile, la règle de l'intérêt humain garantit une meilleure fixation du message qui a été lu.

Les règles de lisibilité des écrits étant ainsi présentées, on peut alors se demander si elles sont transposables au langage administratif, et, si oui, comment ?

La fiche suivante (*fiche 10*) présente les consignes de rédaction qui doivent permettre à un rédacteur :
▶ d'être bien lu ;
▶ d'être bien retenu.

APPLIQUER LES RÈGLES DE LISIBILITÉ À LA RÉDACTION ADMINISTRATIVE

Pourquoi écrire autrement, en se fondant sur les règles de lisibilité? Le but est double: il s'agit d'abord d'élaborer des phrases faciles à lire, mais aussi de rédiger des messages qui seront bien retenus.

Écrire des phrases faciles à lire

La comparaison des deux textes ci-après, extraits d'une circulaire, permet de mesurer tout l'intérêt, pour un rédacteur, de rédiger autrement afin que le lecteur comprenne mieux.

Comparez ces deux textes:

Première version (texte extrait d'une circulaire)

«Alors que les stages pratiques constituent pour les jeunes ou les femmes en quête d'une réinsertion professionnelle un moyen de se familiariser avec le monde du travail et de bénéficier de la première expérience qui leur fait souvent défaut, le contrat emploi-formation a essentiellement pour objet de favoriser l'accès à l'emploi de personnes qui souhaitent un emploi stable mais se heurtent à des obstacles particuliers du fait de l'insuffisance ou de l'inadaptation de leur qualification en associant l'accès à l'emploi à l'acquisition de leur formation.»

Cette seule phrase de quatre-vingt-cinq mots reprend quatre idées distinctes:
1. Les stages pratiques sont un moyen de se familiariser.
2. Ils donnent la première expérience qui fait souvent défaut.
3. Le contrat «emploi – formation» aide les personnes qui se heurtent à des obstacles particuliers.
4. (Il le fait) en associant formation et emploi.

Phrase réécrite

«Les stages pratiques pour les jeunes ou les femmes en quête d'une réinsertion professionnelle sont un moyen de se familiariser avec le monde du travail. Ils leur donnent ainsi la première expérience qui leur fait souvent défaut.
Le contrat "emploi-formation", lui, favorise l'accès à l'emploi des personnes souhaitant un travail stable mais désavantagées par une qualification insuffisante ou inadaptée. Il y parvient en combinant l'accès à l'emploi et l'acquisition d'une formation.»

Cette seconde version compte soixante et onze mots, pour quatre phrases et dix-huit mots en moyenne par phrase.

Cette seconde version est ainsi plus lisible que la précédente : elle permet au lecteur de mieux comprendre l'information et de la mémoriser plus facilement.

Si nous comparons ces deux versions, nul doute que le second texte paraît plus facile à lire et plus immédiatement accessible.

Cette seconde version est dite **plus lisible**. La connaissance des règles de fonctionnement de notre mémoire (précisées fiche précédente) et les réflexions tirées de cet exemple permettent de dégager **cinq règles qui permettront de rédiger des phrases faciles à lire** :
1. Faire une idée par phrase, une phrase par idée.
2. Éviter les enchâssements trop nombreux.
3. Rédiger en écartant les mots inutiles.
4. Choisir plutôt des mots courts.
5. Choisir un langage adapté au public à qui l'on s'adresse.

Appliquer ces règles de rédaction

Une idée par phrase, une phrase par idée

Un défaut très répandu dans la rédaction administrative consiste à rédiger des phrases trop longues.

Le rédacteur qui connaît bien son sujet a souvent tendance à vouloir exprimer toutes ses idées en même temps. Au moment où il rédige sa note ou sa lettre, toutes les connaissances qu'il possède sur le sujet lui viennent logiquement à l'esprit. Il va alors avoir tendance à les restituer en faisant peu de phrases.

En réalité, si le rédacteur est capable de ce foisonnement d'idées, **le lecteur, quant à lui, suit une logique linéaire**. Il ne comprend bien les idées que s'il les enregistre les unes après les autres. Ces idées doivent donc être présentées dans des phrases distinctes, qui s'enchaînent logiquement, et qui peuvent être ordonnées à l'aide de mots de liaison.

L'exemple ci-dessus, extrait d'une circulaire, confirme bien cette règle.

Les enchâssements

L'usage de nombreux enchâssements est une pratique courante en rédaction administrative. Or elle revient à empiler de nombreuses idées dans une même phrase.

Un enchâssement est un groupe de mots, compris entre deux virgules, placé entre le sujet et le verbe, ou entre le verbe et son complément d'objet.

L'enchâssement ne présente pas d'inconvénients à la lisibilité d'un texte si celui-ci est court. Nénanmoins, s'il est long ou s'il existe plusieurs enchâssements successifs, notre capacité de mémoire à court terme n'est plus suffisante pour percevoir l'information. La phrase devient alors illisible.

Les enchâssements sont ainsi des « **écrans linguistiques** ».

Exemple (extrait d'un arrêté publié au *Journal officiel*)

« Des arrêtés du ministre chargé de la Sécurité sociale, pris après avis des comités techniques nationaux intéressés, fixent chaque année, par risques ou groupes de risques et suivant les règles définies par l'article 4 ci-dessous en fonction des résultats statistiques des trois dernières années connues, les tarifs des cotisations dues au titre des accidents du travail et des maladies professionnelles applicables aux établissements occupant habituellement moins de vingt salariés. »

Cette phrase compte soixante-neuf mots. Elle excède la capacité de mémoire à court terme et le lecteur ne peut retenir, lors d'une seule lecture, la totalité des informations qu'elle contient, même si ce texte ne comporte pas de mots complexes.

Ce texte comporte des enchâssements : entre le groupe sujet « des arrêtés du ministre… » et le verbe « fixent », il y a un enchâssement de huit mots ; entre le verbe et le complément d'objet direct « les tarifs des cotisations », il y a des enchâssements formant un écran linguistique de vingt-six mots.

Les enchâssements nuisent donc à la compréhension du texte (qu'il faudra relire plusieurs fois pour en comprendre toutes les informations).

Phrase réécrite plus simplement

« Le ministre chargé de la Sécurité sociale fixe, par arrêtés, les taux des cotisations dues au titre des accidents du travail et des maladies professionnelles applicables aux établissements occupant habituellement moins de vingt salariés. **Ces arrêtés** sont pris après avis des comités techniques nationaux intéressés. **Les taux** sont établis chaque année par risques ou par groupes de risques. **Ils sont fixés** suivant les règles définies à l'article 4 ci-dessous et en fonction des résultats statistiques des trois dernières années connues. »

Pour écrire plus simplement, la technique consiste à d'abord réunir en une phrase : le sujet, le verbe et le complément d'objet direct.

Pour toutes les idées complémentaires contenues dans les enchâssements, il faut alors rédiger une phrase différente. Ces phrases seront ensuite liées entre elles, selon un ordre logique, soit en répétant le mot essentiel de la phrase précédente (mot de liaison), soit en employant un synonyme, un pronom personnel ou un pronom démonstratif.

Exemples

« Ces arrêtés », « les taux », « ils sont fixés » servent de liens. Ils sont appelés des mots relais ou **mots jalons**. Ils permettent de bien comprendre les idées les unes après les autres, selon une logique linéaire (alors que les enchâssements trop longs sont appelés « écrans linguistiques »).

Les mots inutiles

La longueur des phrases en rédaction administrative est souvent due à des constructions compliquées, comportant des mots inutiles, non porteurs de sens, imprécis, et qui rendent nécessaire l'apport de plusieurs autres mots dès que l'on veut préciser ce que l'on veut dire.

Ces mots peuvent être des mots superflus, des expressions toutes faites, parfois vides de sens ou pléthoriques, des pléonasmes, des clichés divers que l'on utilise par habitude, sans s'interroger sur leur sens réel, leur correction ou leur caractère inintelligible.

La pratique administrative a développé de nombreuses expressions toutes faites qui ont acquis, avec le temps, le caractère d'expressions typiquement administratives. Souvent, dans la rédaction administrative, les locutions sont préférées alors qu'un mot plus simple suffirait.

Exemples

- «à l'exception de…» au lieu de «sauf» ;
- «en dépit de…» au lieu de «malgré» ;
- «dans l'hypothèse où…» au lieu de «si» ;
- «afin de…» «en vue de…» au lieu de «pour».

L'usage systématique de ces locutions devient parfois envahissant dans les correspondances administratives. Il vaut donc mieux les éviter chaque fois que c'est possible.

Par ailleurs, la pratique administrative contribue également à véhiculer des expressions devenues à la mode sous l'influence des médias, des clichés divers, des pléonasmes, des tournures pléthoriques.

Ces expressions, souvent utilisées par habitude, apparaissent pourtant bien, à la première analyse, comme inutiles, lourdes, superflues et dépourvues d'élégance.

Exemples

- Clichés et poncifs courants : «dans le cadre de… ; au niveau de… ; il y a lieu de… ; il conviendrait de… ; tout particulièrement…».
- Pléonasmes fréquemment utilisés : «une somme (d'un montant) de… ; une lettre (en date) du… ; un délai (d'une durée) de… ;

exclusivement réservé… ; doit obligatoirement… ; peut éventuellement… ; après autorisation préalable… ; avoir le choix entre deux alternatives… ; prévoir d'avance », etc.
- Expressions pléthoriques courantes : « l'objet de la présente circulaire est de définir » au lieu de : « cette circulaire définit… » ; « Je m'interroge sur le point de savoir si » au lieu de : « je me demande si » ; « ces dispositions ont été inspirées par les considérations qui suivent… » au lieu de « ces dispositions se justifient ainsi… ».

Les mots courts

« De deux mots, choisir le moindre. » Au-delà de cette boutade, on observe que la rapidité de lecture et la perception des informations dépendent de la longueur des mots. Une phrase est donc comprise plus rapidement si elle est composée de mots courts.

Les mots courts, plus usuels, sont mieux perçus du grand public. Pour les écrits à ce public, il paraît donc préférable, quand cela est possible, de choisir les mots courts et les plus familiers.

Exemples

- « une lettre » au lieu de « une correspondance » ;
- « avant » au lieu de « antérieurement » ;
- « après » au lieu de « postérieurement » ;
- « envoi » au lieu de « transmission » ;
- « oubli » au lieu de « omission » ;
- « plainte » au lieu de « récrimination » ;
- « taux » au lieu de « quotité » ;

Exemples de phrases

- Au lieu de : « Je serai ultérieurement conduit à délivrer ou refuser l'autorisation sollicitée. »
  Il est préférable d'écrire : « Je serai ensuite conduit à délivrer ou refuser l'autorisation sollicitée. »
- Au lieu de : « Vous devez vérifier que ce dossier est complet préalablement à sa transmission. »
  Il est préférable d'écrire : « Vous devez vérifier que ce dossier est complet avant son envoi. »

Le mot le plus court est aussi celui qui induit des phrases simples. Certains verbes exigent une construction indirecte, et d'autres une construction directe. Lorsque le choix est possible, il vaut mieux choisir **le verbe à construction directe.**

> **Exemples**
>
> - « atteindre » au lieu de « parvenir à… » ;
> - « entraîner » au lieu de « aboutir à… » ;
> - « employer » au lieu de « recourir à… » ;

De même, lorsque cela est possible, mieux vaut utiliser **le verbe au lieu du nom correspondant.**

Comparons par exemple ces phrases :

> « Ces procédures seront examinées en vue de leur simplification et de leur coordination »
> et :
> « Ces procédures seront examinées pour être simplifiées et coordonnées ».

Les expressions les plus courtes permettent souvent d'utiliser **un verbe au lieu d'une locution nominale** qui alourdit généralement la phrase.

> **Exemples**
>
> Il vaut mieux utiliser :
> - « vérifier », au lieu de « procéder à une vérification » ;
> - « rembourser », au lieu de « effectuer un remboursement » ;
> - « coordonner », au lieu de « assurer la coordination » ;
> - « signer », au lieu de « revêtir d'une signature » ;
> - « distinguer », au lieu de « opérer une distinction ».

Un langage adapté au public à qui l'on s'adresse

Toutes les règles de lisibilité qui viennent d'être exposées s'appliquent à l'ensemble de la rédaction administrative.

On ne rédige pas de la même manière si on s'adresse à un technicien, bien informé de l'affaire qu'on lui soumet, ou à un particulier qui souhaite des précisions sur une réglementation. Les fonctionnaires ont souvent acquis une certaine technicité dans un domaine précis. Ces termes techniques et juridiques sont très utiles dans la rédaction des documents administratifs techniques, par exemple dans l'élaboration des notes, des rapports, des procès-verbaux, des circulaires et des arrêtés.

Mais lorsqu'il s'agit de s'adresser au grand public, il faut se souvenir que le lecteur peut ne pas avoir le même niveau de connaissance que le rédacteur.

En conséquence, les écrits au grand public doivent tenir compte de ces différences de niveau.

Conseils pour rendre plus lisibles les correspondances adressées aux particuliers

Développer les sigles

Les sigles sont très nombreux dans l'administration, chaque service produisant les siens. Chaque fois qu'un sigle est utilisé dans une correspondance, le nom auquel il s'applique doit être développé en entier la première fois qu'il est écrit, ensuite le seul sigle pourra être employé.

> Il est admis que les sigles passés dans le langage courant peuvent ne pas être développés (SNCF, EDF…).

Expliciter les mots rares

Mieux vaut éviter les mots rares, savants, techniques qui sont souvent très typiquement «administratifs» et inconnus du grand public. Ils peuvent être sources de malentendus ou d'incompréhensions.

Exemples

Ayant cause ; cautionnement ; prescription ; effet suspensif ; endos ; forclusion ; mutation de cote ; rétroactif ; exhaustif ; aléatoire, etc.

Leur utilisation peut être indispensable parce qu'ils recouvrent une signification juridique précise que l'usage d'un synonyme risquerait de dénaturer. Dans ce cas, on doit employer le terme exact, mais il faut alors l'expliquer au particulier qui n'est pas censé être un spécialiste des questions administratives.

Cette explication peut être donnée en reformulant par une phrase simple :

Exemple

«Tout retard dans le règlement entraînera des intérêts moratoires. Ces intérêts de retard seront calculés ainsi :…»

Ou en utilisant la locution «c'est-à-dire» placée après le mot à expliquer.

Exemples

«L'attributaire, c'est-à-dire la personne à qui les allocations sont effectivement versées…»
«Après cette date, vous serez forclos, c'est-à-dire que vous ne pourrez plus contester…»

Enfin, les explications peuvent être données grâce à l'appui d'exemples :

Exemple

«Le point de départ de l'allocation est fixé au premier jour du mois civil suivant le mois de dépôt de la demande. Par exemple, si vous déposez votre demande le 15 juin, vous aurez droit à l'allocation à partir du 1er juillet.»

Il faut choisir des expressions qui ne soient pas sources de malentendus pour les particuliers.

Certaines formules courantes dans le langage administratif sont en effet parfois inconnues du public.

> **Exemples**
>
> Il vaut mieux dire :
> - « appartenir à un régime » que « relever d'un régime » ;
> - « remplir une rubrique » que « servir une rubrique ».

Faire des phrases faciles à retenir

Une lecture facile ne constitue pas une condition suffisante pour bien retenir le message. Notre mémoire fonctionne aussi sur un mode affectif et non pas seulement rationnel.

L'aspect affectif a en effet une importance dans le fait de mémoriser des informations. Ainsi, l'utilisation des pronoms personnels (je, vous, nous), des pronoms possessifs (mon, mes, votre), des noms propres et des phrases adressées directement adressées au lecteur, seront mieux retenues. C'est la « **règle de l'intérêt humain** ».

Le langage administratif utilise plus souvent des tournures ou expressions passives et impersonnelles :

> - il a été indiqué que ;
> - il est rappelé que ;
> - il est précisé que…

Ces tournures sont souvent utiles pour respecter les obligations de l'administration : l'obligation de réserve, la neutralité, l'objectivité, la courtoisie (la tournure passive et impersonnelle atténue parfois la rigueur d'un refus).

Ces tournures et expressions passives et impersonnelles font donc partie intégrante du style administratif. Or la responsabilité est aussi un caractère du style administratif. C'est pourquoi, dans les correspondances aux particuliers, et lorsque l'usage de formes passives et impersonnelles ne se justifie pas, il est préférable d'employer **des constructions directes.**

> **Exemples**
>
> - Ne pas écrire : « Une remise a été consentie en votre faveur » ; mais plutôt : « Vous avez obtenu une remise. »

- Ne pas écrire : « Le contribuable sera assujetti au paiement de… » ;
  mais plutôt : « Vous devez verser… »

Pour l'élaboration de notices d'information au grand public, plaquettes et imprimés, la forme interrogative constitue une « accroche » intéressante. Le particulier a le sentiment qu'on s'adresse à lui et qu'on répond à la question qu'il se pose.

Exemple

Comparons ces deux formulations :
- Première version : « Pièces à fournir pour l'inscription au concours : une demande d'inscription établie sur l'imprimé ci-joint, à adresser à la direction départementale du travail et de l'emploi ; deux enveloppes autocollantes timbrées, aux nom et adresse du candidat. »
- Deuxième version : « Comment vous inscrire au concours ? Envoyez ou déposez la demande d'inscription ci-jointe à la direction départementale du travail et de l'emploi. Vous y joindrez deux enveloppes autocollantes timbrées, portant votre nom et votre adresse. »

La règle de l'intérêt humain consiste donc à s'adresser directement à son lecteur, soit par un style direct, soit aussi par des constructions interrogatives. Ces constructions sont notamment utilisées pour la rédaction de communiqués de presse ou de notices à large diffusion.

Respecter les règles de cordialité, pour améliorer la communication

Voici comment un manuel de rédaction administrative utilisé dans l'administration britannique résume les règles de cordialité à observer :

Exemple

« Dans vos lettres aux particuliers, soyez compréhensif si votre correspondant est dans l'embarras ; soyez particulièrement poli s'il est grossier ; aidez-le en étant limpide s'il est confus, soyez patient s'il est entêté ; reconnaissant s'il est coopératif ; et jamais condescendant. »

La cordialité est aussi un caractère du style administratif. Mais surtout chacune des lettres adressées aux particuliers donne une certaine image du service public. L'application de l'ensemble de ces règles de lisibilité permet très certainement d'améliorer cette image de marque : le but essentiel de ces écrits est de mieux informer… et d'être compris.

Et pour terminer sur ces diverses règles, voici ci-après un tableau récapitulatif permettant de synthétiser ce qui vient d'être dit dans cette fiche.

Pour les écrits destinés au grand public :		
Les MOTS doivent être : – courts ; – habituels ; – expliqués s'ils sont techniques.	Les PHRASES doivent être : – courtes (quinze mots en moyenne) – construites simplement : une idée après l'autre, pas plus de deux idées par phrase ; – avec des verbes actifs ; – adressées au lecteur en lui disant « vous » ; – et empreintes de cordialité.	Les IDÉES ESSENTIELLES doivent être répétées sous un angle différent avec d'autres mots, par : – des exemples ; – des questions ; – des résumés.

Le but est de mieux informer.

Conclusion

C'est une erreur de penser que le style administratif doit être lourd et compliqué.

Corneille a écrit toutes ses pièces en utilisant 5 000 mots.

La recherche des mots savants, difficiles à comprendre, ne garantit pas une parfaite rédaction. L'écrit administratif n'est pas un écrit d'agrément, ni une œuvre littéraire. C'est un écrit utilitaire, au service de la communication et de l'information.

Tout en conservant les caractères éminents du style administratif, il peut être lisible et de qualité.

L'usage des phrases longues, comportant des enchâssements, des inversions de sujet, des mots longs ou inutiles ne confère aucune noblesse au style administratif. Et attention le jour du concours, les jurys constatent trop souvent des styles lourds et peu efficaces dans les épreuves écrites.

Partie 2

CONNAÎTRE LES DIFFÉRENTS TYPES DE DOCUMENTS ADMINISTRATIFS

IDENTIFIER LA NATURE DES DIFFÉRENTS DOCUMENTS PRODUITS PAR LES ADMINISTRATIONS

Les pratiques administratives conduisent à élaborer un nombre important de documents administratifs, lesquels obéissent à des règles de présentation spécifiques selon leur objectif, leur contenu et leur destination. Mais quels sont les supports de l'action de l'administration en matière de communication écrite ?

Définitions

Bien que les textes officiels ne comportent aucune définition exacte sur la nature du « document administratif » à rédiger, la pratique de l'administration française n'en témoigne pas moins d'une grande diversité de documents possibles.

On appelle « document », du latin *docere* qui signifie « instruire », un renseignement écrit. Il peut servir d'information (tel est l'objet de la note, de certaines lettres, du compte rendu), de preuve (le procès-verbal), de décision (décret, arrêté).

Ces documents peuvent être regroupés suivant une classification correspondant aux grands axes de l'activité administrative :

1. les documents réglementaires ;

2. les documents relevant de la communication interne ;

3. les documents relevant de la communication externe.

Deux considérations principales justifient ce classement :
- *présenter*, en premier lieu, les documents qui constituent le fondement, le cadre légal de l'activité administrative : lois, décrets, arrêtés, etc. ;

▶ *distinguer,* ensuite, par souci de méthode, les documents relevant de la communication interne et ceux qui relèvent de la communication externe.

En effet, l'institution administrative, en tant qu'organisation complexe, échange, à l'intérieur de sa structure, de multiples documents entre les services et les différents niveaux hiérarchiques. Il peut s'agir :

▶ d'information ascendante (destinée aux instances supérieures) : la note, le rapport, le compte rendu, etc. ;

▶ d'information descendante (destinée aux subordonnés) : la circulaire, les instructions, la note de service.

En outre, elle établit, pour l'extérieur, avec les ministères, les services déconcentrés de l'État, les collectivités territoriales et les usagers, des relations le plus souvent sous forme de lettres.

Le tableau suivant présente ces différents types de documents administratifs.

Tableau synoptique des différents types de documents administratifs

Documents	Buts	Fond	Document de communication	
			Interne	Externe
Décret	Acte juridique matérialisant les décisions du pouvoir exécutif.	De portée générale, il favorise l'application de la loi. Il crée des droits et des obligations.		OUI
Arrêté	Acte juridique matérialisant les décisions du pouvoir exécutif (État, services déconcentrés et collectivités territoriales).	En fonction de l'affaire. Il crée des droits et obligations.		OUI

Documents	Buts	Fond	Document de communication	
			Interne	Externe
Délibération	Acte juridique matérialisant les décisions des assemblées territoriales.	Reflet exact de la discussion et de la décision intervenue.		OUI
Rapport	Il permet : – le compte rendu détaillé d'une affaire ; – l'étude d'une question.	En fonction du dossier, il comporte : – une analyse ; – une synthèse ; – des proposi-tions.	OUI	
Note : simple ou assortie de propositions	Elle permet à une autre personne d'avoir une connais-sance précise et complète d'une affaire.	En fonction du dossier, elle comporte : – une analyse ; – une synthèse ; – des propo-sitions, des suggestions et orientations, dans certains cas.	OUI	
Note de service Circulaire Instruction	Elle permet de : – préciser un point particulier ; – fixer une réu-nion ; – provoquer une décision.	En fonction du dossier, elle comporte : – une analyse ; – une synthèse ; – des conclu-sions, des instructions et prescriptions, selon les buts poursuivis.	OUI	
Lettre en forme adminis-trative	Elle vise à établir un contact direct avec une autre administration ou une collectivité territoriale.	En fonction du dossier.		OUI

Documents	Buts	Fond	Document de communication	
			Interne	Externe
Lettre en forme personnelle	Elle vise à établir un contact direct avec un particulier, une personne morale de droit privé, une société, une association, un élu.	En fonction du dossier.		OUI
Procès-verbal de réunion	Reproduit, aussi fidèlement que possible, les débats d'une réunion.	En fonction de la réunion : analyses et synthèses fidèles.		OUI
Compte rendu de réunion	De caractère juridique moins accentué que le procès-verbal, il poursuit les mêmes buts.	En fonction de la réunion : analyses et synthèses fidèles.	OUI	
Relevé de décision, relevé de conclusion	Il poursuit les mêmes buts que le compte rendu de réunion. Rédigé sous une forme simplifiée, il permet le suivi d'actions.	En fonction de la réunion : analyses et synthèses fidèles (mais présentées de façon synthétique).	OUI	
Bordereau	Assure l'accompagnement de documents entre services.	Se justifie quand la rédaction d'une lettre ne s'avère pas nécessaire.	OUI	
Fax Courrier électronique	Permet une diffusion rapide de l'information.	En fonction de l'information à transmettre.		OUI

Il convient de citer la Constitution et la loi, normes supérieures à celles listées dans le tableau ci-dessus, mais aussi les directives européennes et les traités internationaux qui s'imposent dans notre cadre juridique. Les principes et décisions contenus dans les directives européennes sont traduits dans notre droit national (sous forme de lois ou de décrets). Ces textes ne sont donc pas développés ici.

Par ailleurs, il convient de rappeler la publication, consultable sur le site Legifrance, du *Guide légistique*. Il peut être utile de s'y référer lors de la rédaction de textes normatifs, en particulier lois et décrets.

Enfin, citons également d'autres types de documents susceptibles d'être produits par l'administration comme :

▶ les chartes ou les directives nationales d'orientation dont l'objet est de fixer des objectifs et orientations nécessaires à l'action de l'administration ;

▶ les marchés publics dont les règles sont définies de façon précise par le Code des marchés publics ;

▶ les actes sous seing privé susceptibles d'être passés par l'administration (comme un acte de cession, par exemple) et passés selon les règles du droit privé applicable ;

▶ les conventions passées avec des acteurs administratifs ou privés.

Examinons, dans les fiches suivantes, les différents types documents produits quotidiennement par les administrations (et susceptibles de faire l'objet d'une rédaction lors de l'épreuve écrite d'un concours administratif).

BIEN CONNAÎTRE LES RÈGLES DE LA RÉDACTION DES LETTRES ADMINISTRATIVES

Définition des lettres administratives

La lettre est le document administratif le plus courant.

Très utilisé dans l'administration, la lettre permet à celle-ci de communiquer avec ses différents intervenants, publics ou privés. C'est un document de communication qui permet d'informer, d'apporter des réponses, de décider, d'imposer des règles… En cela, c'est un moyen de communication externe à destination de tous les publics, au sens large, qui véhicule l'image de l'administration, et donc du service public.

La lettre administrative obéit, de ce fait, à des codes rigoureux qui doivent être respectés.

Ces codes doivent être parfaitement connus des candidats qui se préparent à un concours, puisque cet exercice rédactionnel se retrouve dans de nombreuses épreuves écrites.

Ainsi, lorsqu'un concours prévoit la rédaction d'une lettre administrative pour l'épreuve d'admissibilité, il faut bien respecter ces règles, leur méconnaissance ayant des conséquences sur la note attribuée au candidat.

La forme des lettres administratives varie selon les destinataires à qui l'administration s'adresse.

En effet, dans l'administration, on distingue deux types de lettres administratives (qui concernent l'activité de l'administration) selon le destinataire :

▶ Certaines sont dites « en forme administrative ».

▶ D'autres sont dites « en forme personnelle ».

La présentation de ces deux types de lettres **varie selon le destinataire** :

1. **La lettre dite «en forme personnelle»** s'adresse à des personnes ou organismes privés : aux citoyens, aux entreprises privées, aux associations, mais aussi aux élus (lorsqu'on s'adresse à eux en leur qualité d'élus représentant l'autorité légale d'une administration), aux parlementaires (députés ou sénateurs). Pour ces élus, il s'agit de marquer le caractère courtois lorsqu'on apporte des réponses à leurs interventions (par exemple, réponse à une intervention d'un maire, d'un député ou d'un sénateur).

2. **La lettre dite «en forme administrative»** s'adresse à des administrations ou à des organismes publics (par exemple un institut régional d'administration, la Caisse des dépôts et consignations…).

Il faut donc bien connaître ces codes de présentation, mais aussi être vigilant à la rédaction qui doit être correcte, dans un langage précis, montrant une bonne connaissance et la maîtrise des règles de grammaire et de la langue française.

Comme pour tous les documents administratifs, les lettres obéissent à des règles de présentation et de rédaction.

Les fiches ci-après précisent dans quel cas on rédigera une lettre «en forme administrative» ou une lettre «en forme personnelle».

Présentation des lettres administratives (lettre en forme administrative, lettre en forme personnelle)

La lettre obéit à une structure précise

La lettre, qu'il s'agisse d'une lettre «en forme personnelle» ou d'une lettre «en forme administrative», comme les autres documents, exige une organisation des idées selon un plan rigoureux. Même si la lettre ne traite que d'un seul point, elle doit contenir une introduction, un développement, une conclusion.

La structure la plus répandue se veut à la fois logique et chronologique et, à titre d'exemple, elle peut s'articuler ainsi :

Exemple de plan d'une lettre explicative

- **Le passé** : il concerne le rappel des faits : actes administratifs ou courrier justifiant la lettre, résumé des propos tenus par le correspondant.
- **Le présent** : il concerne la description de la situation actuelle et de ses causes, les besoins, les problèmes posés.
- **Le futur** : c'est ce que l'on veut obtenir du destinataire, les solutions, les perspectives, les décisions prises.

Structurer judicieusement, c'est construire un message efficace. Mais, outre la structure, la rédaction joue aussi un rôle très important : véritable vitrine de l'administration, la lettre requiert une rédaction irréprochable, courtoise, simple, précise, concise, évitant les excès d'un langage trop technique.

La lettre obéit à un style précis

Le style doit être sobre, à la fois neutre et responsable, et doit répondre à quatre préoccupations :

1. **expliquer** clairement les actes de l'administration ;
2. **reformuler** la réglementation, sans la trahir, pour la rendre accessible au destinataire ;
3. **convaincre** et non contraindre ;
4. **concilier**, en cas de conflit.

La lettre apparaît comme un des supports privilégiés de l'image de l'administration, image qui repose sur deux principes fondamentaux : la recherche de la compétence et de l'efficacité, d'une part, le respect de l'usager et la prise en compte du destinataire, d'autre part.

La lettre obéit à des règles et des éléments de présentation précis

Il existe un certain nombre de caractères communs aux lettres « en forme administrative » et « en forme personnelle », alors que d'autres de ces caractères sont spécifiques à seulement l'un de ces types de lettre.

Quels sont les caractères communs à toutes les lettres ?

Le logo, la charte graphique, le timbre, le lieu et la date, les éléments de la signature, la souscription.

Les services publics, d'État ou des collectivités territoriales, définissent des chartes graphiques rédactionnelles et des logotypes permettant d'identifier les administrations concernées et de valoriser leur image auprès de leurs usagers.

Le « logo »

Pour les administrations de l'État, le logo, situé en haut et au milieu de la page, représente la « Marianne » placée sur les couleurs bleu, blanc, rouge.

Sous les couleurs figurent les mots « République française », puis l'indication du ministère concerné.

Pour les collectivités territoriales, le logo représente un signe distinctif que la collectivité choisit en fonction de son histoire (un blason par exemple) ou de sa situation géographique. Il est le plus souvent placé en haut et à gauche sur la page.

Ce modèle unique, pour l'État ou pour les collectivités territoriales, permet d'affirmer auprès de l'usager le caractère « officiel » de la correspondance et ainsi d'enrayer les confusions qu'entraîneraient des présentations de courrier trop variées. Il permet aussi de marquer l'unicité de l'action administrative, quel que soit le lieu d'habitation des citoyens.

La charte graphique

Quant à la charte graphique définie par l'administration responsable du choix, elle fixe un certain nombre d'éléments qui devront alors être rigoureusement utilisés par les rédacteurs. Ces éléments précisent :

- la **police du caractère**, choisie parmi des caractères sobres et parfaitement lisibles ;
- la **mise en page**, soit à la française, avec un retrait d'alinéa à chaque paragraphe et défini dans sa mesure ; soit à l'américaine, c'est-à-dire sans retrait d'alinéa en début de paragraphe ;
- le **positionnement du texte**, avec la mesure des marges à gauche et à droite et la mesure de l'interligne ;
- le **style à utiliser**, souvent défini par un modèle type pour chaque document administratif ou par les références de la fenêtre style de la barre d'outils de Word (différents choix sont possibles) ;
- le **positionnement des éléments de signature** (titre, grade, fonction, mention le cas échéant de la délégation de signature, signature elle-même, prénom et nom), avec indications des marges permettant de situer l'emplacement de ces différents éléments ;
- le **positionnement du destinataire** avec les indications de marge permettant de placer ces éléments ;
- le **positionnement du pied de page** ;
- le **pliage de la feuille**, en fonction du format des enveloppes utilisées. Ce format déterminera, en outre, le positionnement du destinataire (soit en bas et à gauche, soit en haut et à droite selon que les enveloppes comportent ou non des fenêtres).

Le « timbre »

Il est placé en haut de la page à gauche. Il apporte au lecteur des informations utiles sur l'émetteur de la lettre (administration concernée, direction, service, qui traite l'affaire dans le service, son numéro de téléphone, l'e-mail) (voir exemples pages suivantes).

L'indication du lieu et de la date

Ces mentions apparaissent dans l'angle supérieur droit de la lettre.

Les éléments de la signature

Ils indiquent :
- l'autorité signataire ;
- l'autorité investie de la délégation de signature (il s'agit de la personne qui signe la lettre) ;
- le prénom et le nom de la personne qui signe.

La souscription : mention des destinataires

Cette mention est appelée « souscription » (en bas de la lettre) ou « suscription » (en haut de la lettre).

Elle apparaît de façon différente selon que l'on rédige une lettre en « forme administrative » ou une lettre en « forme personnelle ».
- Dans les lettres en « forme administrative », la suscription est placée en haut, à droite de la lettre, sous la date.
- Dans les lettres en forme personnelle, la suscription est placée, soit en bas à gauche (on parle alors de souscription), soit en haut à droite si l'administration utilise des enveloppes à fenêtre.

Lorsque la lettre compte plusieurs pages, cette suscription (ou la souscription) apparaît sur la première page.

Les fiches ci-après présentent ces deux types de lettres (en forme administrative et en forme personnelle).

Les exemples ci-après présentent ces différents caractères graphiques.

 Exemple de charte graphique et de logo

MINISTÈRE DE L'INTÉRIEUR...

Le timbre *(x)*
Cabinet du ministre
Le conseiller

Paris, le....................................

(x) Le timbre est une mention, traditionnellement placée dans l'angle supérieur gauche, qui indique l'administration et le service d'où provient le document.

Aujourd'hui, avec le développement des chartes graphiques dans l'administration, les éléments de ce timbre peuvent apparaître sur toute la largeur de la feuille *(souvent en bas de la page)*.

Depuis la suppression de l'anonymat dans l'administration, en 1985, le nom, en clair, de la personne qui a traité le dossier apparaît sous le timbre, selon les formules suivantes :
– affaire suivie par...
– affaire traitée par...

 Exemples de timbre

RÉPUBLIQUE FRANÇAISE

INSTITUT NATIONAL DE LA STATISTIQUE
ET DES ÉTUDES ÉCONOMIQUES
DIRECTION RÉGIONALE DE DIJON
Cité administrative Delaborde
BP 1509 – 21035 DIJON CEDEX
Affaire suivie par M....
Tél. :
E-mail :

RÉPUBLIQUE FRANÇAISE

MINISTÈRE DES AFFAIRES SOCIALES
ET DE L'INTÉGRATION

DIRECTION DE LA POPULATION
ET DES MIGRATIONS
Sous-Direction des Naturalisations
Adresse...
Affaire suivie par Mme...
Tél. :
E-mail :

 Exemples de suscription
Pour lettre en «forme administrative»

Fonction de l'expéditeur	⟶	Le Directeur régional
		à
Fonction du destinataire	⟶	Monsieur le Préfet, de la Région BOURGOGNE et du département de la Côte-d'Or
		Préfecture
		53 rue de la Préfecture
		21041 DIJON CEDEX
Indication éventuelle du destinataire final	⟶	(À l'attention de Mme BLANCHE, chef du service…)

IDENTIFIER LA PRÉSENTATION DES LETTRES EN « FORME ADMINISTRATIVE »

Définitions de la lettre en forme administrative

C'est la lettre échangée entre deux services publics, qu'ils soient d'État ou de collectivités territoriales (régions, départements, communes). Elle est utilisée lorsque le destinataire n'appartient pas à la même administration que son expéditeur (lorsque le destinataire et l'expéditeur appartiennent à la même organisation, on utilisera la note, présentée dans les fiches suivantes).

On peut distinguer différents types de lettres administratives, en fonction de leur contenu : les lettres accusés de réception, de transmission de document, d'information, d'explication, de renseignement, de rappel…

Ces lettres, qui peuvent engager la responsabilité de l'État, exigent donc du savoir-faire, une certaine expérience des pratiques administratives, une exacte connaissance des principes juridiques qui guident l'action de l'administration.

Présentation type de la lettre en forme administrative

La lettre en forme administrative doit comporter tous les éléments suivants (*voir fiche 12*) :

*** Soit Marianne sur fond bleu, blanc, rouge et indication du ministère (charte graphique), soit logo de la collectivité territoriale (ou blason ou armoiries) ou logo du service public concerné (charte graphique).

1. Le timbre : mentions des informations sur l'expéditeur : direction, service…

Sous le timbre : « Affaire suivie par… », prénom, nom, tél., fax, mail.

2. Le lieu et la date.

3. Au-dessous, la fonction du signataire, puis : « à… », suivi de :

4. La fonction et l'adresse administrative du destinataire. Puis, le cas échéant, la mention « sous couvert » (écrit s/c), et le grade et la fonction du supérieur hiérarchique du rédacteur.

5. L'objet et, au-dessous, les références (écrit « Réf. ») qui peuvent être un précédent courrier ou un texte (loi, décret, arrêté), puis, le cas échéant, l'indication de pièces jointes (écrit « PJ »).

6. Le corps de la lettre comprenant une introduction, un développement et une conclusion.

7. Les éléments de la signature : fonction et qualité du signataire, mention de la délégation de signature, le cas échéant, puis prénom et nom.

PRÉSENTATION TYPE DE LA LETTRE EN « FORME ADMINISTRATIVE »

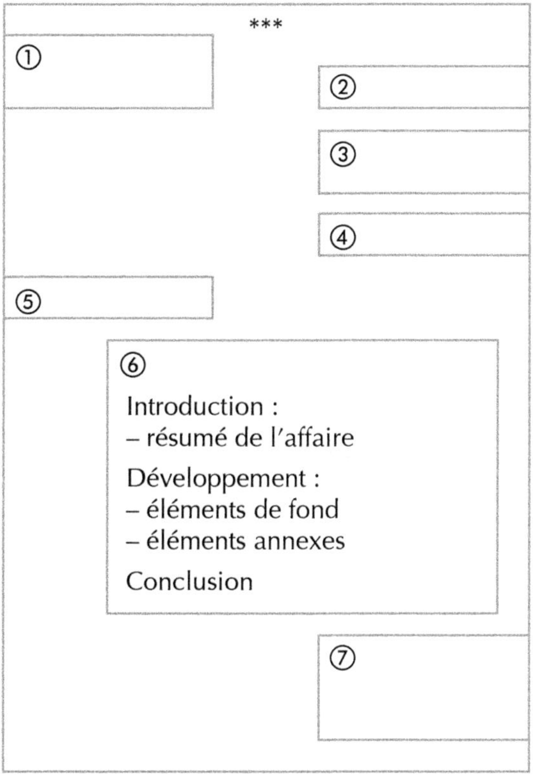

***

①

②

③

④

⑤

⑥

Introduction :
– résumé de l'affaire

Développement :
– éléments de fond
– éléments annexes

Conclusion

⑦

Modèle type de la lettre en forme administrative

Elle s'adresse à un autre service public (de l'État, de collectivités territoriales, un service public).

RÉPUBLIQUE FRANÇAISE
MINISTRE DE...

TIMBRE
(*provenance du document :*
Administration, Direction,Bureau)
Affaire suivie par...
(*prénom et nom du rédacteur*)
Tél. :
Mail :

Lieu et date

SUSCRIPTION (*destinataire*)
Le Directeur départemental...
à
Monsieur le Préfet de...
1, place de la République
60000 BEAUVAIS
s/c de Monsieur le Préfet
de la région...
(sous-couverts selon la hiérarchie)

Objet : (*rappel synthétique du sujet abordé*)

Réf. : (*rappel des textes réglementaires ou juridiques, ou d'une lettre à laquelle on répond*)

PJ : (*soit le nombre de documents, soit le nom d'un document précis*)............................

Introduction

Par lettre du (*rappel bref du sujet que l'on traite*)

Développement

(*En 2 ou 3 parties, présentation et argumentation claire et précise*)

Conclusion
(*Injonction ou proposition, ou indication du classement de l'affaire, ou délais d'attente*)

Fonction du signataire
Signature
Identité du signataire

(*Prénom NOM*)

Copie transmise à (si besoin)

.../... (*Si plus d'une page*)

 Exemple de présentation de la lettre « en forme administrative »

MINISTÈRE DES AFFAIRES SOCIALES
ET DE L'INTÉGRATION

(Timbre)
DIRECTION DE LA POPULATION
ET DES MIGRATIONS
Sous-Direction des Naturalisation
BUREAU...
Affaire suivie par
Mme l. DURAND   À Paris, le...
Tél. :
E-mail :

                                        (Suscription)
                                        Le Ministre des Affaires
                                        sociales et de l'Intégration
                                        à
                                        Monsieur le Juge d'instance
                                        Tribunal de grande instance
                                        (Adresse)

Objet :
Référence :
PJ :

Puis le corps de la lettre, sans formule d'appel ni de politesse.

(Et formules de signature)

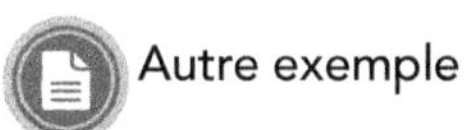 Autre exemple

(*Timbre*)
Direction départementale de l'Agriculture et de la Forêt
Mission environnement
Téléphone...   À..., le 12 juin 2...
E-mail...
Affaire suivie par Mme XX

(*Suscription*)
Le Directeur départemental
à
Monsieur le Préfet du...
Direction des Actions de l'État
Bureau de l'urbanisme et de
l'environnement
(s/c de...)

Objet : Installations classées
Réf. : Votre lettre du...

Par lettre du 6 avril 20.. vous m'avez transmis, pour avis, un dossier concernant la régularisation d'une activité de......... exercée dans la commune de.........

J'ai l'honneur de vous faire savoir que je n'ai aucune remarque à formuler en ce qui concerne les risques de pollutions pour les cours d'eau relevant de ma compétence ainsi que sur les points d'eau alimentant...... et les nappes souterraines relevant du contrôle de mes services.

Pour Directeur départemental de l'Agriculture
Et par délégation,
L'ingénieur en chef
Prénom nom

 Autre exemple

(*Timbre*)
Direction départementale de l'Agriculture et de la Forêt
Mission environnement
Tél. :   À..., le 12 juin 2...
E-mail :
Affaire suivie par Mme XX

(Suscription)
Le Directeur départemental
À
Monsieur le Préfet du...
Direction des Actions de l'État

Bureau de l'urbanisme
et de l'Environnement

(s/c de...)

Objet : Demande d'autorisation d'exploiter une carrière à... présentée par la Société...

V/Réf. : Lettres des 11 octobre 20.. et 13 novembre 20...

Le 11 octobre 20.., vous m'avez adressé le dossier présenté par la Société..., en vue d'obtenir l'autorisation d'exploiter la carrière citée en objet.

Cette demande appelle de ma part les remarques suivantes :

a) Cette installation se situe au Plan d'occupation des sols en zone 1 NC secteur C qui autorise l'exploitation des carrières.

b) Une canalisation d'eau longe une partie de la parcelle en bordure du CD n°... . Afin d'éviter tout risque d'accident éventuel sur cette canalisation, il serait bon de prévoir une protection à l'endroit où sera prévu l'accès des engins.

c) Au point de vue de l'environnement, une construction d'habitation se situe à 800 m de cette exploitation et un corps de ferme à 1 200 m.

En conclusion, j'émets un avis favorable sur la demande présentée.

Le Directeur départemental de l'Équipement

 Autre exemple

DIRECTION DES COLLECTIVITÉS
LOCALES ET DE L'ENVIRONNEMENT   Beaulieu, le…
Bureau des affaires financières
et budgétaires

Affaire suivie par…
Tél. :
Fax :   Le Préfet de Seine-et-Loire
E-mail :   à Monsieur le Maire de GUERANS

Objet : subvention au titre de la dotation globale
d'équipement
Année 20..
Réf. : votre demande du…
PJ : arrêté de subvention

Vous avez présenté une demande de subvention pour un projet de réfection et de renforcement de la chaussée dans votre commune.

J'ai l'honneur de vous faire connaître que cette opération a fait l'objet d'une inscription sur le programme de répartition de la dotation globale d'équipement pour l'année 20.., dans les conditions ci-après :

Dépense retenue ouvrant droit à une subvention : 137 550 euros HT

…/…

Subvention allouée : 30 260 euros.

Je vous prie de bien vouloir trouver ci-joint un extrait de l'arrêté attributif de subvention correspondant.

Je vous rappelle que cette subvention sera versée pour moitié au début des travaux, sur production d'une déclaration de commencement d'exécution de chantier (annexe 1 ci-jointe) qui devra être retournée à la préfecture de Seine-et-Loire, au bureau des affaires financières et budgétaires.

Le solde sera versé au fur et à mesure de l'avancement des travaux, sur présentation des pièces justificatives de paiement certifiées conformes par vous-même. La demande du dernier acompte devra être accompagnée de l'attestation de fin de travaux (annexe 2).

Je reste à votre disposition pour tout renseignement complémentaire

Pour le Préfet et par délégation
Le chef du bureau
des affaires financières et
budgétaires

Prénom Nom

IDENTIFIER LA PRÉSENTATION DES LETTRES EN « FORME PERSONNELLE »

Définition de la lettre en forme personnelle

C'est la lettre qu'une administration adresse à un particulier, des associations, des entreprises, ou aux élus (lettre à un parlementaire par exemple).

> Lorsqu'une administration s'adresse à un élu, à un maire par exemple, elle peut employer la forme administrative ou personnelle, selon le contenu de la lettre.
>
> En règle générale, si le contenu porte sur un domaine administratif (contrôle de légalité, urbanisme…), la lettre est présentée sous la forme administrative. Si le contenu du message concerne l'élu lui-même (en son nom propre ou en sa qualité d'élu) la lettre est alors présentée sous la forme personnelle (courrier répondant à une intervention précise par exemple).
>
> Toutefois, lorsque l'auteur de la lettre veut marquer une certaine déférence au destinataire, il utilisera plutôt la lettre en forme personnelle (comme celle utilisée pour un député ou un sénateur).

Présentation de la lettre en forme personnelle

Comme dans la lettre en forme administrative, certains éléments de la présentation se retrouvent dans la lettre en forme personnelle.

*** Soit Marianne sur fond bleu, blanc, rouge et indication du ministère (charte graphique), soit logo de la collectivité territoriale (ou blason ou armoiries) ou logo du service public concerné (charte graphique).

1. Le timbre : mentions des informations sur l'expéditeur : direction, service…

Sous le timbre : « affaire suivie par… » prénom, nom, tél., fax, mail.

2. Le lieu et la date.

3. L'objet de la lettre (facultatif et peu recommandé).

4. Une formule d'appel : Monsieur, Madame, Monsieur le Directeur, Monsieur le Préfet…

5. Le corps de la lettre : introduction, développement, conclusion.

6. Une formule de politesse adaptée.

7. Les éléments de la signature : fonction et qualité du signataire, mention de la délégation de signature le cas échéant, puis prénom et nom.

8. Le nom et l'adresse du destinataire sont portés en bas, à gauche et sur la première page.

Si des enveloppes à fenêtre sont utilisées, cette rubrique apparaît en haut, à droite, sous le lieu et la date.

9. Indication des pièces jointes (si nécessaire), écrit : « PJ ».

10. Le signe…/… indique que le texte se continue sur l'autre page.

PRÉSENTATION DE LA LETTRE EN FORME PERSONNELLE

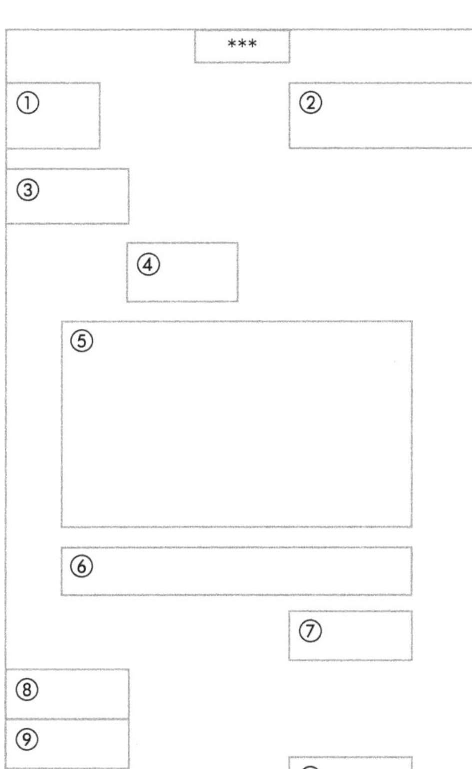

Formules d'appel et de politesse

Dans sa présentation, la lettre en forme personnelle comporte des différences avec la lettre en forme administrative :

▶ une formule d'appel : Monsieur, Madame, Monsieur le Directeur, Monsieur le Préfet…

▶ une formule de politesse adaptée.

La formule d'appel

Exemples

- Monsieur,
- Madame,
- Monsieur le Président,
- Monsieur le Président-Directeur général.

Cette formule d'appel utilise aussi les titres, grades ou fonctions des personnes à qui l'on s'adresse.

Voici à titre indicatif d'autres exemples de formules d'appel utilisées dans les correspondances dont les destinataires ont des titres ou des fonctions honorifiques :

Autorités politiques	
Le chef du gouvernement	Monsieur le Premier ministre
Les ministres, les secrétaires d'État et les anciens ministres	Monsieur ou Madame le Ministre
Le ministre de la Justice	Monsieur le Garde des Sceaux
Les sénateurs	Monsieur ou Madame le Sénateur
Les députés	Monsieur ou Madame le Député
Les conseillers régionaux	Monsieur ou Madame le Conseiller régional
Les conseillers généraux	Monsieur ou Madame le Conseiller général
Les maires	Monsieur ou Madame le Maire
Les adjoints	Monsieur ou Madame le Maire-adjoint
Les conseillers municipaux	Monsieur ou Madame le Conseiller
Autorités administratives	
Le grand chancelier de la Légion d'honneur	Monsieur le Grand Chancelier
Le président de la Cour de cassation	Monsieur le Premier Président
Le président d'un tribunal	Monsieur le Président

Les procureurs généraux	Monsieur le Procureur Général
Les préfets	Monsieur le Préfet
Les sous-préfets	Monsieur ou Madame le Sous-préfet
Les directeurs généraux des administrations centrales	Monsieur le Directeur Général
Les directeurs, chefs de service et sous-directeurs des administrations centrales	Monsieur ou Madame le Directeur
Les directeurs régionaux	Monsieur ou Madame le Directeur
Les recteurs d'académie, chanceliers des Universités	Monsieur ou Madame le Recteur
Les inspecteurs d'académie, directeurs des services départementaux de l'Éducation nationale, directeurs des services départementaux	Monsieur ou Madame l'Inspecteur d'Académie
Les trésoriers payeurs généraux	Monsieur le Trésorier-Payeur général
Autorités militaires	
Les officiers généraux	Mon Général (si c'est un homme qui écrit) Monsieur le Général (si c'est une femme qui écrit)
Les colonels ou lieutenants-colonels	Mon Colonel
Les commandants	Mon Commandant
Les officiers subalternes	Monsieur
Les officiers généraux de la Marine	Amiral
Les capitaines de vaisseaux, de frégates, de corvettes	Commandant
Autorités religieuses	
Les cardinaux	Éminence
Les archevêques et évêques résidentiels	Excellence

Les évêques	Monseigneur
Les vicaires généraux, chanoines archiprêtres, curés, abbés	Monsieur le Vicaire général, le Chanoine, le Curé, l'Abbé
Personnalités diplomatiques et consulaires	
Un ambassadeur français	Monsieur ou Madame l'Ambassadeur
Un ambassadeur étranger	Excellence
Les ministres plénipotentiaires	Monsieur ou Madame le Ministre
Les consuls généraux	Monsieur ou Madame le Consul général
Le consul	Monsieur ou Madame le Consul
Les personnes privées	
Chefs d'établissement, commercial ou industriel	Monsieur le Directeur, Madame la Directrice, Monsieur ou Madame le Président (quand il s'agit d'une société ou d'une œuvre)
Les avocats, avoués, notaires, huissiers, les membres d'un Institut, les artistes réputés	Maître
Les médecins, les vétérinaires, les chirurgiens, les dentistes	Docteur ou Monsieur le Docteur ou Madame le Docteur

Il faut noter que, si la personne possède plusieurs titres, ce sera le plus important qui sera utilisé. Ainsi, pour un conseiller général, député et ancien ministre, on dira, en principe, Monsieur le Ministre.

La formule de politesse

Le contenu de cette formule varie selon la personnalité du destinataire (à noter que la formule de politesse reprend les mêmes termes que la formule d'appel).

Exemple

Formule d'appel : « Monsieur le Directeur général ».
Formule de politesse : « Je vous prie d'agréer, Monsieur le Directeur général… »

Exemples de formules de politesse

Pour des personnalités, présidents d'organismes, d'associations :
« Je vous prie d'agréer, M… (Monsieur, ou Madame, suivi du titre utilisé en formule d'appel, le cas échéant), l'assurance de mes sentiments distingués (ou : sentiments les plus distingués). »

Pour des maires, conseillers généraux, conseillers régionaux :
« Je vous prie d'agréer, M… (même formule que celle de la formule d'appel), l'assurance de ma considération distinguée (ou : la plus distinguée). »

Pour des parlementaires :
« Je vous prie d'agréer, M… (même formule que celle de la formule d'appel), l'assurance (ou l'expression) de ma haute considération. »
On peut ajouter : « et de mes sentiments dévoués » (ou de mes fidèles sentiments).

Entre deux autorités administratives (qui se connaissent) :
« Je vous prie d'agréer, mon cher collègue, l'assurance de mes sentiments les meilleurs. »

Pour un ministre (ou ancien ministre) :
« Je vous prie d'agréer, Monsieur le Ministre, l'assurance de ma haute considération. »

Pour des femmes, autorités administratives, parlementaires, ministres :
« Je vous prie d'agréer, Madame (titre), l'assurance de ma haute considération et de mes respectueux hommages. »

Pour des particuliers :
« Je vous prie d'agréer, M… (Madame ou Monsieur), l'expression de ma considération distinguée. »

Dans les formules de politesse, il vaut mieux utiliser « Je vous prie » et éviter les expressions : « Recevez… Veuillez agréer… »

En réalité, il est très difficile d'être exhaustif en la matière, les formules sont très variées suivant les usages mais, dans tous les cas, cette formule doit traduire :

▶ la considération due au public à qui l'on s'adresse ;
▶ la distinction attendue de l'autorité publique ;
▶ le respect dû à certaines personnalités.

Enfin, pour clore cette partie consacrée aux formules de politesse, voici une formule d'usage courant :

- « Je vous prie de croire, Monsieur, Madame…, à (en) l'assurance de ma considération distinguée. »

Cette formule s'utilise soit entre égaux, soit d'un supérieur à un subordonné.

- « Je vous prie d'agréer, Monsieur, Madame…, l'expression de ma considération distinguée. »

Cette formule s'utilise soit entre égaux, soit d'un subordonné à un supérieur.

À l'emplacement des pointillés, on retrouve la formule d'appel, « Madame, Monsieur, Monsieur le Président… ».

 Exemple de lettre en forme personnelle

(signe, blason, ou tout autre signe distinctif, par exemple la Marianne sur fond bleu, blanc, rouge)
(Comme pour la lettre en forme administrative)

(Timbre)

DIRECTION DES SERVICES FISCAUX   À…, le…

Affaire suivie par :…

Téléphone :

E-mail :

    Monsieur, (formule d'appel)

Par lettre du… vous sollicitez un nouvel examen de votre situation fiscale au regard de la taxe…

L'enquête que j'ai prescrite fait apparaître qu'aucun élément nouveau n'est de nature à modifier la position de l'Administration.

En effet…

Je suis donc au regret de vous faire connaître qu'aucune suite favorable ne peut être donnée à votre demande.

Il vous est possible de contester cette décision devant la juridiction compétente, dans un délai de 2 mois à compter de cette décision.

Je vous prie d'agréer, Monsieur, l'expression de ma considération distinguée. (Formule de politesse)

Le Directeur des Services fiscaux

Signature et prénom, nom

Souscription :

Nom, prénom et adresse du destinataire

Quelques rappels

Le rédacteur d'une décision est tenu à l'obligation de motiver et doit aussi indiquer quelles sont les voies de recours possibles.

L'obligation de motiver

La loi oblige les personnes publiques à motiver les décisions défavorables et les décisions de refus. La motivation écrite doit « comporter l'énoncé des considérations de droit et de fait qui constituent le fondement de la décision ». Cette motivation doit être rédigée de telle sorte que son destinataire puisse « à la seule lecture de la décision » en connaître les motifs. L'obligation de motiver ne constitue donc pas une simple formalité.

Elle répond essentiellement à trois exigences :

▶ Une exigence démocratique : les administrations doivent exposer clairement aux administrés les raisons fondant leur décision.

▶ Une exigence de bonne administration : l'obligation de motiver contraint les administrations à examiner avec précision le bien-fondé de leurs décisions.

▶ Une exigence de contrôle de l'administration par les personnes concernées puisque la connaissance des motifs leur permet d'entreprendre une réclamation soit devant l'administration elle-même, soit devant le Médiateur, ou de présenter un recours devant le juge.

L'obligation de motivation peut constituer une contrainte pour l'administration. Son absence, ou sa mention mal formulée (ou incomplète), peut être à l'origine d'une annulation de la décision, par le juge, même lorsque la légalité interne de la décision n'est pas contestable.

Les voies de recours

Il faut distinguer les recours gracieux, administratifs et les recours juridictionnels.

Les recours possibles sont :

▶ les recours gracieux : recours présentés devant l'autorité administrative qui a pris la décision contestée ;

▶ les recours hiérarchiques : recours présentés devant l'autorité qui exerce la tutelle sur l'autorité auteur de la décision ;

▶ les recours juridictionnels (ou contentieux) sont des recours formés devant une juridiction.

Exemples

Si une décision négative contestée a été prise par le directeur départemental du travail et de l'emploi, le recours gracieux sera présenté devant cette autorité (qui a pris la décision).

Le recours hiérarchique sera présenté devant le ministre du Travail (autorité hiérarchique).

Le recours contentieux sera présenté devant le tribunal administratif.

Dans un courrier comportant une décision, l'**indication des voies de recours est obligatoire.** Elle peut être ainsi formulée :

« Vous pouvez contester cette décision, auprès du tribunal administratif territorialement compétent, dans un délai de 2 mois à compter de la notification de cette décision. »

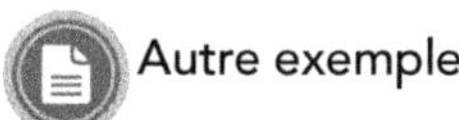 **Autre exemple**

(*Timbre*)

Affaire suivie par...   Lieu et date...
Tél. :
Fax :
E-mail :

Monsieur,

Par lettre du 12 avril dernier, vous m'avez fait part de votre souhait d'effectuer un stage dans mes services, du 6 au 30 septembre prochain.

Après un examen attentif de votre demande, j'ai l'honneur de vous informer de mon accord. Je précise toutefois que votre stage ne sera pas rémunéré et devra faire l'objet d'une convention.

Vous trouverez sous ce pli un exemplaire de cette convention que vous voudrez bien lire attentivement.

Par ailleurs, je vous invite à prendre contact avec M. XXX, chargé de la formation dans mes services, en téléphonant au 09 88 77 66 55 afin qu'il vous fixe un rendez-vous.

Au cours de cet entretien, il examinera avec vous les modalités pratiques de votre accueil et de déroulement de votre stage. Vous pourrez alors lui remettre un exemplaire de la convention signée.

Je vous prie d'agréer, Monsieur, l'assurance de ma considération distinguée.

Monsieur Charles LEBON
Le chef du bureau
2, avenue des Platanes
59000 LILLE

RÉDIGER UNE CIRCULAIRE, UNE INSTRUCTION

Définitions

La circulaire et l'instruction sont des documents d'ordre interne adressés à des subordonnés. Ces documents ont donc un sens hiérarchique. Leur objectif est de donner des consignes, des instructions.

N'intéressant que le fonctionnement interne de l'administration, ils n'ont pas, en principe, à être connus du public auquel ils ne sont, d'ailleurs, pas opposables (voir rappel concernant la communication des documents administratifs ci-après).

Le terme « instruction » connaît une certaine désuétude et vouloir opérer une distinction entre « circulaire » et « instruction » paraît quelque peu artificiel.

Toutefois, les spécialistes font ressortir quelques nuances.

L'instruction

C'est un document de portée collective, ayant un objet général et une valeur permanente. Elle fixe les modalités d'application d'un acte réglementaire. Elle a un caractère plus impératif que la circulaire dans la mesure où elle fixe essentiellement des prescriptions.

Elle fait l'objet d'une large diffusion et ne s'adresse pas toujours à des destinataires expressément désignés ; de ce fait, elle est rédigée dans un style impersonnel.

La circulaire

Elle a une portée permanente. Elle précise les modalités pratiques d'application d'une réglementation et facilite ainsi la tâche des agents chargés de son exécution. Elle s'adresse à des chefs de service ou des responsables clairement désignés. Elle est rédigée sur un ton personnel et direct. Elle ne peut compléter la loi mais seulement l'expliciter : son objectif est de préciser des points d'application concrets, de résoudre les éventuelles difficultés d'interprétation, de préciser des modalités de mise en œuvre d'une réglementation.

> Certains sujets de concours proposent la rédaction d'une « lettre-circulaire ». Il s'agit en fait de rédiger une circulaire qui sera adressée à un grand nombre de destinataires, identifiés de façon précise.

Exemples

- Rédaction d'une lettre-circulaire adressée aux maires d'un département, par le préfet, relative à la sécurité routière.
- Rédaction d'une lettre-circulaire adressée aux chefs d'établissements scolaires, par l'inspecteur d'académie, relative à l'assurance accident des élèves...

La présentation des circulaires et des instructions

Comme pour tous les documents administratifs, ces documents obéissent à des règles de présentation.

**** Soit Marianne sur fond bleu, blanc, rouge et indication du ministère (charte graphique), soit logo de la collectivité territoriale (ou blason ou armoiries) ou logo du service public concerné (charte graphique).

1. Le timbre : mentions des informations sur l'expéditeur : direction, service...

Sous le timbre : « Affaire suivie par... » (prénom, nom, tél., e-mail).

2. Le lieu et la date.

3. Le ou les destinataire(s).

4. L'objet et, au-dessous, les références (écrit « Réf. ») qui peuvent être un texte (loi, décret, arrêté), puis, le cas échéant l'indication de pièces jointes (écrit « PJ »).

5. Le contenu du texte comprenant une introduction, un développement et une conclusion.

Si le texte est long (plus de deux pages), le contenu est présenté avec des titres, des sous-titres, une numérotation des différents éléments.

6. Les éléments de la signature : fonction et qualité du signataire, mention

PRÉSENTATION DES CIRCULAIRES ET INSTRUCTIONS

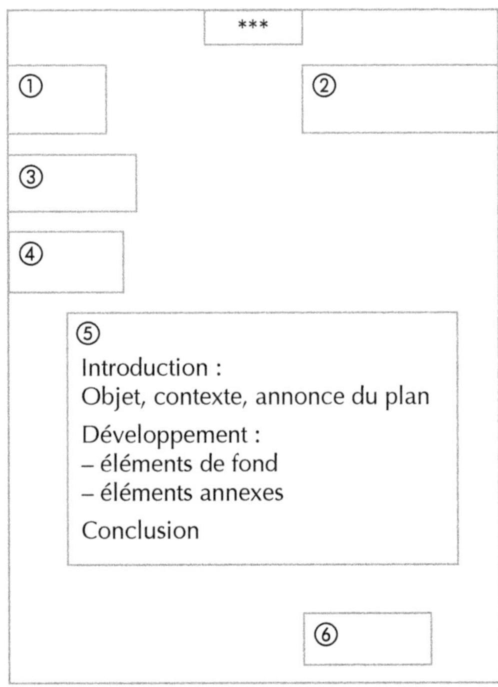

 Exemple de présentation d'une circulaire ou d'une instruction

(Timbre)

Le Premier Ministre   Paris le 9 février 20..

(suscription)
Le Premier Ministre
à
Mesdames et Messieurs
les Ministres...

Objet : expérimentation dans quinze départements d'un pôle de développement social et urbain
Réf. : (textes réglementaires)

Introduction
– contexte, objectifs...
– énoncé du plan du développement.

Développement.

Il comporte des subdivisions apparentes : titres ; sous-titres ; et une numérotation des différents points du développement.

Conclusion (qui n'est pas une formule de politesse).

Quelques rappels : la liberté d'accès aux documents administratifs

La loi n° 78.753 du 17 juillet 1978 modifiée pose le principe de l'accès, de toute personne, aux documents administratifs non nominatifs, et des intéressés seulement aux documents administratifs les concernant, sous réserve de quelques exceptions (article 6 de la loi).

La loi a créé une Commission d'accès aux documents administratifs (CADA) chargée de veiller au respect de la liberté d'accès aux documents administratifs. Elle a interprété de manière extensive la définition des documents ayant un caractère communicable puisqu'elle y a inclus par exemple des factures, des contrats, un registre d'enquête publique.

En fait, peu importe l'intitulé du document, seul son contenu est déterminant.

La loi garantit l'accès des demandeurs aux documents administratifs les concernant, ou qui leur sont opposés.

Toutefois, beaucoup de documents administratifs font apparaître des noms. Mais cette seule circonstance n'est pas de nature à en exclure la communication à d'autres personnes.

Ainsi par exemple, la CADA a précisé qu'un dossier de permis de construire, un registre d'enquête d'utilité publique, des procès-verbaux de certaines commissions statuant sur des demandes individuelles ne sont pas des documents nominatifs alors qu'un dossier d'hospitalisation, le dossier personnel d'un agent public, des procès-verbaux et rapports de police ou de gendarmerie mettant en cause des personnes privées le sont.

L'accès aux documents administratifs s'exerce :

- par consultation gratuite sur place ;
- sous réserve que la reproduction ne nuise pas à la conservation du document, par délivrance d'une copie en un seul exemplaire et aux frais de la personne qui les sollicite.

Par ailleurs, la CADA peut être saisie pour avis par toute administration sur le caractère communicable d'un document.

La commission établit un rapport annuel qui est rendu public.

IDENTIFIER LE COMPTE RENDU, LE RELEVÉ DE DÉCISIONS, LE RELEVÉ DE CONCLUSIONS D'UNE RÉUNION

Définitions

La réunion d'un comité, d'un conseil, d'une commission, d'une assemblée… entraîne toujours la rédaction d'un document de synthèse qui doit relater :

- les circonstances de la réunion ;
- les interventions ;
- les décisions.

Ce document de synthèse peut être rédigé de façon souple, sans règles précises : c'est le cas du compte rendu.

Il peut être rédigé de façon rigoureuse, selon des règles strictes : c'est le cas du procès-verbal (*voir fiche 17 et suivantes*).

Le compte rendu

Destiné à une autorité supérieure, il relate ce qui s'est passé ou ce qui s'est dit dans une réunion.

Il n'obéit pas à une forme particulière mais, en tant que document d'information, il doit être exact, complet et succinct.

Le compte rendu est un document synthétique, il ne doit rapporter que les idées essentielles. Toutefois, il peut aussi reprendre, entre guillemets, des déclarations *in extenso*, lorsque celles-ci sont importantes ou présentent un intérêt particulier pour la compréhension des débats, de l'exposé.

> Attention toutefois à la rédaction du compte rendu lorsqu'on utilise un enregistreur lors de la réunion. Le langage écrit s'accommode mal du langage parlé. Il faudra donc reformuler les propos, sans les trahir, pour rendre l'ensemble clair, précis, concis et synthétique.

Document d'ordre interne, non opposable aux tiers, le compte rendu est souvent utilisé pour des réunions informelles, non prévues par les textes, ou pour des réunions de travail, organisées librement par l'administration.

Il en va tout autrement du procès-verbal (*fiche ci-après*).

Présentation matérielle, et exemples de compte rendu

Technique de rédaction
▶ Il est rédigé au présent de l'indicatif.
▶ Le plan est souvent chronologique.
▶ Chaque discussion correspond à un paragraphe.
▶ Il commence par une phrase liminaire rappelant la date et l'heure de la réunion, le lieu de la réunion, le nom et la qualité du président, l'objet et l'ordre du jour.
▶ Il fournit le nom et la qualité des participants.
▶ La conclusion indique l'heure de la levée de séance.
▶ Le compte rendu peut ne pas être signé.

Présentation du compte rendu de réunion

Comme pour tous les documents administratifs, la rédaction du compte rendu impose le respect de règles spécifiques.

1. Le logo (charte graphique), puis en haut et à gauche, le timbre permettant l'identification du service :
▶ la mention du ministère ou de l'administration à l'origine du document ;

▸ la direction, la sous-direction éventuellement ;

▸ le service, bureau ou subdivision en toutes lettres.

2. En haut et à droite, le lieu et la date.

3. La mention « compte rendu ».

4. L'objet du compte rendu.

5. Le texte du compte rendu qui indique :

▸ l'exposé du thème traité ;

▸ le développement ;

▸ la conclusion.

6. La fonction et la signature de l'auteur du compte rendu.

PRÉSENTATION DU COMPTE RENDU DE RÉUNION

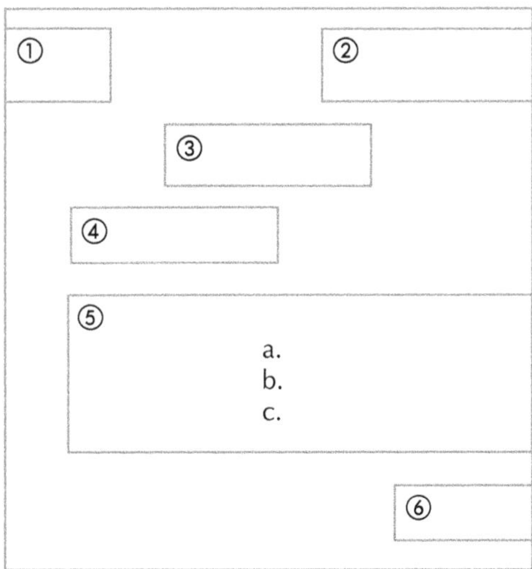

L'objet du compte rendu peut être indiqué selon l'une ou l'autre des présentations ci-après :

 Exemples de compte rendu de réunion

(*Timbre*)

Ministère de l'Équipement
Direction...   Paris, le...

Sous-direction...
Bureau...
Affaire suivie par...
Tél. :
E-mail :

COMPTE RENDU
de la réunion du 20 avril 20...

Objet : Projet d'extension des services techniques...

Ou :

COMPTE RENDU
de la réunion du 20 avril 20..
relative au projet d'extension des services techniques...

Lorsque l'objet est trop long, il vaut mieux utiliser la présentation qui comporte un objet.

Le plan est souvent présenté de façon logique ou chronologique.

 **Exemple de présentation selon un plan logique**

Ministère de l'Équipement
Direction...   Paris, le...
Sous-Direction...
Bureau...
Affaire suivie par...
Tél. :
E-mail :

COMPTE RENDU
de la réunion du 17 mai 20..

Objet : extension des services techniques...

(Une introduction qui rappelle le thème de la réunion)

Sous la présidence de M. X, Directeur de la Sécurité routière, et en présence de M. Z, conseiller financier auprès du directeur, s'est réuni le 17 mai 20.. à la Direction de la Sécurité routière, le groupe de travail chargé d'élaborer le programme d'extension du service technique de la direction...

(Liste des participants)

Participaient à cette réunion :
Mme A. :   chargée de mission auprès de M...
M.D. :   ingénieur des ponts et chaussées
M.F. :   chef du 2e bureau

(Développement)

Au cours de cette réunion, les points suivants ont été soumis à l'approbation du groupe :

I – Réhabilitation du bâtiment A

    a) financement :

    b) infrastructure :

    c) équipement mobilier :

II – Installations techniques spécifiques

    a) matériels de grand débit :

    b) matériels d'usage courant :

    c) financement :

III –...

IV – Prochaine réunion

(*Conclusion*)

L'ordre du jour étant épuisé, la séance est levée à (heure).
La prochaine réunion est fixée (date de la prochaine réunion).

 Exemple de présentation selon un plan chronologique
(ordre dans lequel les idées ont été émises)

Ministère de l'Équipement
Direction...   Paris, le......
Sous-Direction...
Bureau...
Affaire suivie par...
Tél. :
E-mail :

COMPTE RENDU
de la réunion du 20 avril 20..

relative au projet d'extension des services techniques...

Le vendredi 20 avril 20..., s'est tenue à 15 h 30 à la Direction de la Circulation Routière, sous la présidence de M. X, Sous-directeur du Réseau Routier National, une réunion en vue d'examiner les possibilités d'installation des services techniques... de la Direction dans l'aile sud du bâtiment A.

Assistaient à la réunion :

M. DUPONT : ingénieur des ponts et chaussées
Mme DURAND : chef du 2e bureau
M...

M. X expose la situation actuelle, et indique que...

Il donne ensuite la parole à M. D. qui expose...

M. R. conclut qu'il est difficile de continuer sans prendre en compte...

De cette première discussion, il ressort les points suivants :

–...

–

–

M. S. rapporteur du groupe, prend ensuite la parole pour présenter les solutions retenues...

(Seuls les points essentiels ayant fait avancer le débat apparaissent.)

L'ordre du jour étant épuisé, la séance est levée à 18 h 30. La prochaine séance aura lieu le 17 mai 20... à 10 h 30 dans les mêmes locaux.

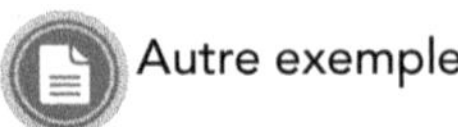 **Autre exemple**

PRÉFECTURE DE…   X…, le…
Direction
Bureau
Affaire suivie par :
Téléphone :
E-mail :

COMPTE RENDU
de la réunion du…

OBJET : Projet de musée naval à C…

Le… à… heures, s'est tenue à la Préfecture de… sous la présidence de M…, Préfet de…, une réunion relative au projet de création d'un musée naval à…

Étaient présents :

– M…, Président du Conseil régional de… ;

– M…, Président du Conseil général de… ;

– M…, Maire de la ville de… ;

– M…, Président de la Chambre de Commerce et d'Industrie de… ;

– M…, Directeur régional des Affaires culturelles de… ;

– M…, Architecte des Bâtiments de France ;

– M…, Directeur des Constructions navales de… ;

– M…, Directeur des Travaux maritimes de… ;

– M…, Directeur de… ;

– M…, Attaché, Chef du Bureau de…

Monsieur le Préfet ouvre la séance et rappelle l'intérêt du projet susceptible de contribuer au développement économique et touristique du département.

Il propose que soient évoqués successivement : le financement du projet, la maîtrise d'ouvrage et les modalités d'exploitation du futur musée.

FINANCEMENT :

Le coût du projet est estimé à… euros.

Monsieur le Préfet précise les positions adoptées par les différents ministères intéressés :

– Le ministère de la Défense a décidé de participer pour un montant de… euros à la réalisation de l'opération ;

– …

Monsieur le Préfet aborde ensuite le second point de l'ordre du jour.

MAÎTRISE D'ŒUVRE :

Différentes possibilités sont examinées :

– un groupement d'intérêt public : cette procédure nécessite un arrêté interministériel, elle est donc lourde à mettre en place. Cette solution est écartée ;

– une société d'économie mixte : la lourdeur de la procédure à mettre en œuvre conduit également à écarter cette solution ;

– un syndicat mixte : le département et la ville y sont favorables.

La Région s'y oppose de même que la Chambre de Commerce et d'Industrie qui ne peut récupérer la TVA. Le Président se déclare cependant disposé à participer aux travaux du syndicat mixte s'il est créé ;

…/…

– une maîtrise d'ouvrage partagée consistant à définir plusieurs étapes de l'opération et à en confier la maîtrise d'ouvrage à plusieurs partenaires.

Après discussion, cette solution est retenue.

Monsieur le Préfet rappelle ensuite le troisième point de l'ordre du jour.

EXPLOITATION DU MUSÉE :

Il convient désormais de définir les conditions d'exploitation du musée.

Le Président de la Chambre de Commerce et d'Industrie précise qu'il serait souhaitable que cette exploitation soit assurée par une personne morale de droit privé, une association par exemple.

Il ajoute que cette association pourrait peut-être participer au financement de l'opération.

Pour répondre aux inquiétudes quant à un éventuel déficit d'exploitation, il est précisé que 150 000 visiteurs sont nécessaires chaque année afin de permettre d'équilibrer les comptes.

Enfin, Monsieur le Préfet demande à chaque partenaire concerné par cette opération de poursuivre les démarches engagées.

Une prochaine réunion est fixée le… à… heures.

L'ordre du jour étant épuisé, la séance est levée à…

SIGNATURE

Le relevé de décisions, le relevé de conclusions

Définition

Dans la pratique actuelle, il arrive souvent que, dans un souci de simplification et de rapidité, on se limite à ne retenir que les grandes lignes du contenu de la réunion. Dans ce cas, au lieu de rédiger intégralement un compte rendu, on rédige un « relevé de conclusions » ou un « relevé de décisions », si des décisions ont été prises lors de la réunion.

Ce document très synthétique, mais rappelant l'essentiel de la réunion et des débats, précise :
- la nature de la réunion ;
- sa date ;
- la liste des personnes qui participaient à la réunion ;
- l'ordre du jour ;
- les informations utiles, sous forme d'un tableau dont le contenu varie selon les besoins.

Présentation du relevé de décisions (ou de conclusions)

Pour ces relevés de décisions ou de conclusions, quatre types de matrices peuvent être envisagés.

Modèle A

Ordre du jour	Pour information	Pour action
1	2	3

La colonne 1 rappelle les différents points de l'ordre du jour. La colonne 2 relève les informations essentielles de la réunion. La colonne 3 retient les suites à donner ou les actions à entreprendre.

Modèle B

Ordre du jour	Synthèse des débats	Décisions prises	Actions à mener
1	2	3	4

Ce modèle de relevé met en valeur les décisions prises (3) et distingue bien les actions à mener (4).

Modèle C

Ordre du jour	Synthèse des débats	Propositions	Décisions Actions
1	2	3	4

Cette matrice met en évidence les propositions dégagées (3) ainsi que les suites à donner (4).

Modèle D

Ordre du jour	Informations	Actions	Responsable des actions. Avant le...
1	2	3	4

Cette matrice précise qui est responsable de l'action et pour quelle date celle-ci doit être réalisée (4).

Ces différents schémas de relevés de décisions ou de conclusions sont souvent utilisés pour la conduite de projets car ils permettent un suivi de l'action dans le temps.

Ils permettent aussi d'identifier facilement les points de l'ordre du jour à retenir pour les prochaines réunions à intervenir.

En revanche, ils ne permettent pas, comme dans un compte rendu exhaustif, de mettre en évidence les éléments d'ambiance de la réunion (débats difficiles, vives oppositions, enthousiasme, etc.).

Ces matrices peuvent, bien sûr, revêtir d'autres formes, en fonction des informations que l'on souhaite privilégier.

 **Exemple**

Compte rendu de la réunion de la sous-direction du 16 mars 20..

Participants :
Sous la présidence de M. X, sous-directeur de…, participaient
à la réunion :
M. A…
M. B…
Mme C…
M. D…
Mme E…
……

Principaux thèmes abordés :

1) Agenda relatif aux prochaines réunions prévues :

– 20 mars 20.. :	– Réunion du groupe de travail relatif à…
– 23 mars 20.. :	– Réunion du Comité de pilotage avec… pour…
– 24 mars 20.. :	– Réunion du Comité technique Paritaire sur le sujet…
– 25 mars 20.. :	– Réunion de cadrage pour organiser…
– 30 mars 20.. :	– Accueil de… – Réunion du Comité de pilotage avec… pour…

2) Principaux thèmes de l'ordre du jour :

Points abordés	Délais de réalisation	Service concerné ou personne concernée
Comité technique (CT)… le 24 mars 20.. La Direction… a élaboré un document sur l'organisation des formations dans le domaine de la communication qui sera présenté lors de ce CT.		Sous-directeur X

Points abordés	Délais de réalisation	Service concerné ou personne concernée
CT de… le 25 mars 20.. Orientations 20.. de la formation et présentation des nouvelles mesures.		Sous-directeur Y
Réorganisation de la sous-direction : – présentation d'un nouveau projet :… – avancement des études en cours :… – calendrier prévisionnel :…	Dates échéances	Sous-directeur groupe de travail W
Préparation du budget 20.. Afin de prévoir le budget 20.., la Direction… demande une fiche sur : – les mesures nouvelles ; – l'échéancier pluriannuel des crédits de paiement ; – la justification des autorisations d'engagement et des crédits de paiement.	Pour le 17 mars	BBB AAA…
Entretiens d'évaluation :…	Les échéances sont ainsi validées :…	Les évaluateurs sont…
Formations des nouveaux agents arrivés :…	Avant le…	Sous-directeur AAA
Séminaire annuel :…	Date à définir lors de la prochaine réunion	FFF et BBB sont chargés de proposer des axes de travail
VAE Réflexion à organiser pour la mise en œuvre dans la direction.		PPP
Pont de l'Ascension, le 22 mai 20.. Afin d'assurer une permanence ce jour-là, le sous-directeur souhaite, au minimum par bureau, la présence du chef de bureau ou de son adjoint et de 25 % des agents.		Les chefs de service

Points abordés	Délais de réalisation	Service concerné ou personne concernée
Contenu d'une page d'informations sur notre site... sur...	Proposer sujets ou des thèmes pour la prochaine réunion	RRR qui constituera un groupe de travail

L'ordre du jour étant épuisé, la séance est levée.

Une prochaine réunion sera programmée prochainement.

Le Sous-Directeur...

Signature

Diffusion :

– MM... (les membres présents à la réunion).

– Tous les agents de la sous-direction.

IDENTIFIER LE PROCÈS-VERBAL DE RÉUNION

Le procès-verbal de réunion

Définition

En matière civile ou pénale, le procès-verbal est un acte écrit, dressé par une autorité compétente, laquelle constate, relate un fait entraînant des conséquences juridiques.

Pour l'administration, il s'agit principalement d'un document relatant officiellement ce qui a été dit ou fait dans une réunion, une assemblée, etc.

L'objectif du procès-verbal est de servir de référence, son rôle est de « faire foi ».

Généralement discret sur l'ambiance, l'atmosphère de la réunion, il est, en revanche, très précis sur les conclusions.

Le procès-verbal est obligatoirement rédigé après toutes les réunions « officielles », c'est-à-dire celles qui sont prévues par des textes réglementaires (souvent un décret ou un arrêté).

Il consigne soit des décisions (attribution d'une aide par exemple), soit des éléments de base d'une décision (des avis par exemple), soit un avis simple que l'autorité administrative peut ne pas suivre (pouvoir discrétionnaire), soit un « avis conforme » que l'autorité administrative est tenue de suivre (pouvoir lié) (voir rappel de ces notions ci-après).

En tant que document officiel, le procès-verbal est toujours signé du président, des membres et du secrétaire de séance quand les textes prévoient qu'une personne doit être désignée, en début de séance, pour cette fonction de secrétaire.

C'est un document d'ordre externe qui peut être transmis à un administré, à un tribunal, à un autre service administratif.

Technique de rédaction du procès-verbal de réunion

En tant que document officiel, il obéit à une structure déterminée.

Il commence par une phrase liminaire indiquant :

▶ le lieu, la date et l'heure de la réunion ;

▶ la liste des participants, excusés et absents (pour permettre éventuellement de calculer le quorum) ;

▶ la signature du président et des membres.

Il est rédigé au présent de l'indicatif.

Document exhaustif, il regroupe logiquement les idées émises et dégage l'essentiel des interventions. La synthèse de l'ensemble doit donner une image fidèle et bien ordonnée.

Le plan est souvent chronologique (c'est-à-dire qu'il suit l'ordre des débats, qui correspond en principe à l'ordre du jour indiqué lors de la convocation des membres de la commission).

Le style est souvent direct, avec entre guillemets les interventions essentielles.

Présentation du procès-verbal de réunion

1. Le logo (charte graphique), puis en haut et à gauche, le timbre permettant l'identification du service :

▶ la mention du ministère ou de l'administration à l'origine du document ;

▶ la direction, la sous-direction éventuellement ;

▶ le service, bureau ou subdivision en toutes lettres.

2. Au milieu : titre du document (procès-verbal) ;

Et l'indication précise de la date.

3. Le préambule précisant (en toutes lettres) la position complète dans le temps et dans l'espace de la réunion (voir phrase liminaire dans l'exemple ci-après).

4. La désignation des membres présents (et éventuellement absents, excusés ou non excusés) avec indication de leur qualité en séance,

secrétariat compris. Cette indication est importante quand la règle du quorum doit intervenir dans la prise de décision.

5. L'ordre du jour.

6. La relation chronologique et ordonnée des diverses interventions, avec indications du déroulement des scrutins.

7. La conclusion du procès-verbal. La conclusion indique la date de la prochaine réunion de l'assemblée.

8. En bas et à droite : l'authentification du rédacteur.

9. En bas, avec un léger décalage : le visa de l'autorité responsable (le plus souvent le président de séance) et des membres.

PRÉSENTATION DU PROCÈS-VERBAL DE RÉUNION

①

②

③

④

⑤

⑥

⑦

⑧

⑨

 Exemple de procès-verbal de réunion

Liberté • Égalité • Fraternité
RÉPUBLIQUE FRANÇAISE

(Timbre)
Ministère...
Direction...
Bureau...   À..., le...
Affaire suivie par...
Tél. :
E-mail :

PROCÈS-VERBAL DE LA RÉUNION
DU (DATE) DE LA COMMISSION
DÉPARTEMENTALE D'ÉQUIPEMENT COMMERCIAL

(Phrase liminaire) Le 12 avril 20.., à 14 h 30, s'est tenue à (lieu), sous la présidence de Monsieur (nom et fonctions) la réunion de la commission départementale d'équipement commercial.

Participaient à la réunion :
– M. (nom et fonctions)
– M...
– M...
Étaient excusés :
– M...
– M...
L'ordre du jour était le suivant :
– examen de...
– ...

(Développement)

Le développement reprend, sous forme de paragraphes, les différents points évoqués lors de la réunion. Il comporte l'essentiel des débats et les décisions adoptées.

(Conclusion)

Dans les procès-verbaux, comme dans les comptes rendus de réunion, il s'agit souvent d'une phrase type rappelant que tous les points de l'ordre du jour ont été abordés :

« L'ordre du jour étant épuisé, la séance est levée à… »

ou

« L'ordre du jour étant épuisé, la séance est levée à… La prochaine réunion aura lieu le (date) à (heure) à… (endroit) ».

 Autre exemple

Le procès-verbal ci-dessous est établi par une collectivité territoriale. En effet, compte tenu du caractère juridique de certaines décisions à adopter, la réglementation impose une grande rigueur. De nombreuses décisions imposent alors une procédure préalable de concertation dont la traduction se fera par procès-verbal.

Logo

[dans les documents des collectivités territoriales, le « logo » est souvent placé en haut de la page, à droite (il représente souvent un blason identifiant l'histoire de la collectivité)]

Puis nom de l'administration et services

EXTRAIT DU PROCÈS-VERBAL
(Délibération du conseil municipal du…
relatif à…)

L'an deux mille…, le…, le conseil municipal de la commune de… s'est réuni à (lieu), après convocation légale, sous la présidence de M. X.

Étaient présents :…

Étaient excusés :…

Étaient absents non excusés :…

Un scrutin a eu lieu, M. Z a été nommé pour remplir les fonctions de secrétaire.

Monsieur le Maire rappelle que le PLU (Plan local d'urbanisme) communal de… a été approuvé par délibération du…

Monsieur le Maire présente les principales dispositions de la loi SRU (Solidarité et Renouvellement urbain) du 13 décembre 2000, de la loi UH (Urbanisme et Habitat) du 2 juillet 2003 et de la loi Grenelle II du 12 juillet 2010.

Monsieur le Maire expose qu'il convient tout d'abord d'apporter une adaptation mineure au PLU communal.
En effet, le PLU prévoyait la mise en place d'un assainissement collectif en zones U et AU. Face aux difficultés techniques et financières, ce dispositif a été abandonné. Aujourd'hui…
De plus, la commune souhaite ouvrir à l'urbanisation les trois zones AU prévues dans le PLU.
L'utilité de cette ouverture à l'urbanisation est justifiée dans le cadre des critères de l'article L 153-38 du Code de l'Urbanisme :

1) Au regard des capacités d'urbanisation encore inexploitées dans les zones déjà urbanisées :
L'analyse du tissu urbain sur la commune fait état d'un très faible potentiel urbanisable immédiatement, limitant de ce fait le développement de la commune. En effet…

Au-delà de la consommation ordinaire due aux constructions accordées, il demeure des zones non constructibles prévues au

PLU par des parcelles faisant l'objet de protections réglementaires pour valorisation paysagère (espaces boisés protégés).

2) Au regard de la faisabilité opérationnelle du projet et faisant l'objet de la présente demande d'ouverture à l'urbanisation :

De façon générale et outre l'accueil de nouvelles familles, la réflexion menée sur ces nouvelles zones aura des incidences sur le fonctionnement global urbain de la commune en améliorant l'accessibilité, l'offre de logements mais également en termes d'image et d'attractivité. Situé au sein du tissu bâti, le projet par sa localisation présente ainsi plusieurs atouts :…

L'adaptation envisagée doit ainsi permettre de répondre aux objectifs suivants :

– Permettre l'accueil des jeunes ménages désireux de s'installer sur le territoire.

– Favoriser le parcours résidentiel des habitants en proposant une typologie de logements plus adaptée aux besoins de chacun.

– Développer un habitat raisonné s'intégrant dans le paysage et permettant de conforter le tissu urbain actuel.

L'ouverture à l'urbanisation des zones AU prévues dans le PLU permettra ainsi à la commune de proposer une offre de logements répondant aux besoins locaux tout en proposant une évolution urbaine respectueuse de son patrimoine paysager.

Ces changements peuvent être effectués par délibération du Conseil Municipal après enquête publique dans le cadre de la procédure de modification. Il peut être fait usage de cette procédure dans la mesure où il n'est pas porté atteinte à l'économie générale du PADD du PLU, la modification n'a pas pour effet de réduire un espace boisé classé, une zone agricole ou une zone naturelle et forestière, ou une protection édictée en raison des risques de nuisance, de la qualité des sites, des paysages ou des milieux naturels et ne comporte pas de graves risques de nuisance.

Après avoir entendu l'exposé du Maire, et en avoir délibéré, le Conseil municipal décide :

1 – d'engager une procédure de modification du PLU, conformément aux dispositions des articles L. 153-36 et L. 153-44 du Code de l'Urbanisme ;

2 – de donner autorisation au Maire pour signer tout contrat, avenant ou convention de prestation ou de service concernant la modification du PLU ;

3 – dit que les crédits destinés au financement des dépenses afférentes seront inscrits au budget de l'exercice considéré (chapitre… article…).

Conformément à l'article L. 153-40 du Code de l'Urbanisme, le projet de modification sera notifié avant l'ouverture de l'enquête publique :

au préfet du Calvados ;

aux personnes publiques associées mentionnées aux articles L. 132-7 et L. 132-9 ;

aux Présidents du Conseil régional et du Conseil départemental ;

aux Présidents de la Chambre de Commerce et d'Industrie, de la Chambre de Métiers et de la Chambre d'Agriculture.

Prénom Nom
Qualité du signataire

Remarques sur le compte rendu et le procès-verbal

Il existe donc entre ces deux documents des différences et des analogies résumées dans les tableaux suivants :

ANALOGIES
– document administratif ;
– destiné à relater une situation de droit.

DIFFÉRENCES

Le procès-verbal	*Le compte rendu*
– C'est un document d'ordre externe.	– C'est un document d'ordre interne.
– Il relate des *constatations matérielles* ou des paroles.	– Il est destiné à informer les personnes *non présentes* à la réunion ou à rappeler aux personnes présentes ce qui s'est passé (diffusion interne ou externe).
– Il a une *valeur officielle* indiscutable (jusqu'à preuve du contraire).	
– Il est signé par son auteur et en général par le ou les participants. Il a un *caractère contradictoire*.	– Sa valeur officielle n'est que relative.
	– Il n'est pas contradictoire.
– Son développement est variable. Mais sa rédaction ne doit porter que sur des éléments concrets, sans appréciations ou observations.	– Il est plus ou moins bref, plus ou moins détaillé. Il peut comporter lui aussi des déclarations.
– *L'objectivité* doit être sa qualité essentielle.	– Il peut, dans certains cas, être accompagné *d'appréciations* ou *d'observations* d'ordre interne.
– On doit pouvoir le *communiquer* à toute autorité compétente et aux intéressés en cas de litige.	– Sa *diffusion* est laissée à l'appréciation du responsable de la réunion.

Les caractéristiques du procès-verbal et du compte rendu de réunion

	Le procès-verbal	Le compte rendu
Objectif	« Faire foi de » (il a une valeur juridique)	Informer
Méthode	Document exhaustif	Document sélectif : résumé
Structure	Plan chronologique	Plan logique (par thème) ou chronologique
Style	Indirect ou direct	Direct
Mentions obligatoires	Date Heure Liste des participants	Date/heure Liste des participants Signature du président et du secrétaire de séance

Vocabulaire utilisé pour la rédaction du compte rendu et du procès-verbal

Pour mettre en valeur une opinion, un point de vue	Pour exprimer ces craintes
Souligner Préciser, ajouter Faire apparaître Mettre en lumière Faire remarquer Noter Dégager Suggérer	Émettre des réserves quant à… Regretter que… S'inquiéter de…
Pour traduire l'accord et plus…	**Pour traduire l'opposition**
Confirmer Appuyer Donner son assentiment Témoigner de l'intérêt pour… Acquiescer Approuver Exprimer sa préférence : privilégier Plaider pour…	Nier Rétorquer Réfuter Désapprouver Marquer son désaccord Infirmer Objecter Contester

Quelques rappels : pouvoir discrétionnaire et compétence liée

Lorsqu'elle dispose d'une latitude d'action laissée à son appréciation par les règles de droit en vigueur, l'administration détient un pouvoir discrétionnaire. L'autorité publique agit alors en opportunité. C'est le cas par exemple en matière de réquisitions où l'administration dispose d'une entière liberté dans le choix d'un immeuble à réquisitionner. Toutefois, ce pouvoir discrétionnaire peut être réduit par l'intervention du juge administratif puisque les règles de droit qu'il édicte s'imposent à l'administration.

En revanche, lorsqu'il y a compétence liée, l'action de l'administration doit s'insérer étroitement dans le dispositif prévu par les règles de droit en vigueur. L'administration n'a alors aucune faculté d'appréciation quant au sens de son action. Par exemple, la délivrance d'une carte grise doit être faite à toute personne qui remplit les conditions exigées par la loi.

IDENTIFIER LES DIFFÉRENTES NOTES UTILISÉES DANS L'ADMINISTRATION : LA NOTE DE SERVICE, LA NOTE ADMINISTRATIVE

Il existe différents types de notes dans l'administration. Documents internes, elles sont rédigées soit pour les besoins de l'action publique, soit lors des épreuves écrites de certains concours administratifs. Sur le terrain, la confusion existe, parfois entretenue par le manque de rigueur des jurys de concours qui parlent de « rédaction d'un rapport… » pour une note, ou inversement, ou qui libellent ainsi certains sujets de concours : « Vous rédigez une note sous forme de rapport… »

Aussi bien dans les concours que dans l'activité de l'administration, la note recouvre des aspects variés, selon les besoins. La note de service, la note administrative, la note de synthèse simple ou assortie de propositions, la note d'information, la note juridique ou économique… constituent autant de réalités diverses selon leur usage et leur destinataire. Elles sont présentées dans cette partie concernant les notes.

La note de service

Définition

C'est un document d'ordre interne, destiné à informer des subordonnés de prescriptions particulières en vue de l'application d'une décision. La note a donc un sens hiérarchique (d'une autorité supérieure vers des subordonnés) et s'adresse à plusieurs personnes.

Elle peut :
- permettre de diffuser une simple information ;
- porter à la connaissance de chefs de service et des agents une nouvelle réglementation ;
- transmettre des ordres consécutifs à des décisions ;
- susciter des initiatives dans les services ;
- faire remonter des informations des services.

Destinée à un grand nombre de personnes, elle doit être comprise sans ambiguïté ni risque d'interprétation. Son style doit donc être clair, précis, explicite.

Elle peut porter la mention « pour affichage » ou « pour diffusion » pour une plus grande information, en interne, de son contenu.

Elle peut être adressée à plusieurs destinataires, bien définis. Dans ce cas, elle comporte la liste de ceux-ci en bas à gauche ou en annexe jointe.

Document d'ordre interne, elle n'est pas opposable aux tiers et ne peut donc faire l'objet d'un recours devant les tribunaux administratifs (toutefois, les agents qui s'estimeraient lésés par ses prescriptions peuvent déposer un recours gracieux ou hiérarchique devant l'autorité compétente).

Présentation matérielle de la note de service

Comme tous les documents administratifs, elle est présentée selon des critères spécifiques. Elle comporte les éléments suivants :

1. Le logo (charte graphique), puis en haut et à gauche, le timbre permettant l'identification du service émetteur :
- la mention du ministère ou de l'administration à l'origine du document ;
- la direction, la sous-direction ;
- éventuellement, le service, bureau ou subdivision en toutes lettres.

2. La mention « note de service ».

3. L'objet éventuellement suivi des mentions :

- Réf. : références ;
- PJ : pièce(s) jointe(s).

4. Le texte rédigé de la note (introduction, développement, conclusion).

5. La fonction du signataire.

6. La signature de l'auteur (ou du responsable) de la note.

7. Le nom du signataire.

8. La mention des destinataires éventuels.

9. Éventuellement, l'indication « pour diffusion » ou « pour affichage ».

PRÉSENTATION MATÉRIELLE DE LA NOTE DE SERVICE

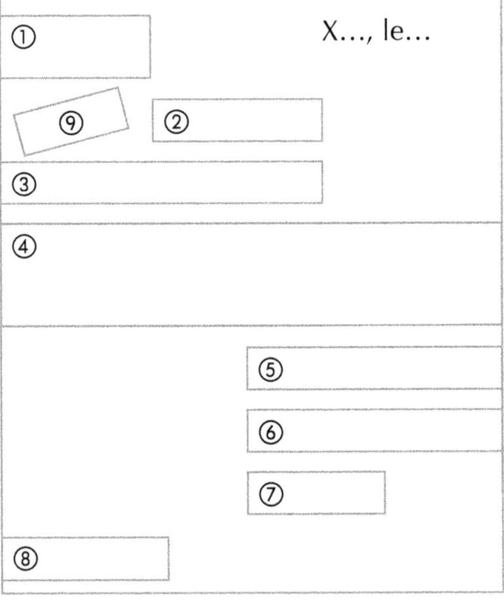

À noter que le lieu et la date apparaissent soit en haut à droite, comme dans la lettre, soit en bas, au-dessus de la signature, comme dans les arrêtés.

 Exemple de note de service

Liberté • Égalité • Fraternité
RÉPUBLIQUE FRANÇAISE

(Timbre)
Ministère de...
Direction départementale de...   À..., le...
Direction des Ressources humaines...
Dossier suivi par...
Tél. :
E-mail :

NOTE DE SERVICE

Objet : Évaluation des agents pour l'année 20..

PJ : un dossier

Je vous transmets, sous ce pli, un dossier destiné à organiser les entretiens professionnels des agents en fonction dans vos services.

Les fiches d'entretien sont à établir, pour chaque agent, en double exemplaire.

Vous devrez préciser très exactement, en page... du document d'évaluation, l'affectation du fonctionnaire et les attributions qui lui sont confiées. Je précise qu'une formule générale de la nature comme 1re direction, ou 1er bureau, ne permet pas d'identifier le service où l'agent exerce ses fonctions, ni de comparer, le cas échéant, sur le plan national, des fonctionnaires ayant des attributions identiques.

Vous porterez une attention particulière à la rédaction des appréciations concernant chaque fonctionnaire afin de discerner ses compétences et qualités propres.

...∕...

En outre, vous encouragerez les agents à exprimer leurs besoins de formation et leur souhait de mobilité professionnelle dans les rubriques concernées (page…).

Je vous serais obligé de bien vouloir me retourner les fiches d'évaluation, dûment complétées, accompagnées de vos commentaires pour le (date…), délai de rigueur.

Le Directeur des Ressources humaines

Signature

DESTINATAIRES :

– M. ……

– M. ……

– M. ……

Si la liste des destinataires est trop importante, il est possible de joindre cette liste en annexe. La formule « liste des destinataires *in fine* », ou « liste des destinataires en annexe », figurera alors à cet endroit, en bas, à gauche de la page.

 Autre exemple de note de service

Ministère de…
Direction…   À…, le…
Bureau…
Affaire suivie par…
Tél. :
E-mail :

NOTE DE SERVICE
À mesdames et messieurs les directeurs et chefs de service
À mesdames et messieurs les correspondants sociaux

Objet : Activation du niveau 2 : « mise en garde et actions » du Plan canicule.

PJ : dossier « Plan canicule »

Le niveau 2, « mise en garde et actions » du Plan de canicule vient d'être déclenché en Île-de-France. Vous trouverez ci-après les informations relatives aux mesures décidées afin d'améliorer les conditions de travail des agents.

Les dispositions suivantes seront prises :

– Le cycle hebdomadaire de travail dans les services ne disposant pas de système de climatisation ou de rafraîchissement sera raccourci pour le ramener à 35 heures afin de permettre aux agents de s'acquitter de leurs obligations aux heures les moins chaudes. Les plages horaires fixes sont suspendues. Par ailleurs, à votre initiative, vous pourrez abaisser le seuil des 35 heures pour les agents fragilisés par leur état de santé ou par des conditions de travail devenues particulièrement pénibles du fait de la chaleur excessive.

– L'accès à des aires de repos rafraîchies ou climatisées pour des personnes à risque et les agents qui souhaitent pouvoir travailler dans un environnement plus frais sera facilité.

– Les salles de réunion, amphithéâtres ou autres pièces rafraîchies pouvant accueillir des personnels seront systématiquement ouvertes par leurs responsables.

– Les systèmes de rafraîchissement ou de climatisation de ces locaux devront être mis en œuvre sous réserve que la production d'électricité soit suffisante et que d'éventuels délestages soient possibles.

…/…

Je vous rappelle que, pour protéger les populations par la mise en place de mesures de gestion adaptées aux niveaux de vigilance météorologique, le Plan canicule compte différents niveaux :

• Niveau 1 – « veille saisonnière » du 1er juin au 31 août (carte de vigilance verte)
• Niveau 2 – avertissement chaleur : « Mise en garde et actions » : (carte de vigilance jaune)
• Niveau 3 – alerte canicule : « mise en garde canicule et santé » (carte de vigilance orange)
• Niveau 4 – « mobilisation maximale » (carte de vigilance rouge)
Vous trouverez ci-joints le nouveau Plan de canicule, ses annexes d'alerte, la fiche réflexe sur la canicule niveau 2 et une fiche sur la conduite à tenir au travail. Vous pourrez largement diffuser cette dernière auprès des agents.

Le service médical de prévention est à votre disposition au 01 22 33 44 55 pour vous apporter aide et conseil sur les mesures à prendre.

Vous retrouverez toutes ces informations sur l'intranet de l'action sociale : http://action-sociale…

Enfin, et si besoin, vous trouverez ci-après des numéros utiles :

SAMU : 15

Canicule Info Service : 0 821 22 23 00 (0,12 centime la minute)

Vous voudrez bien prendre les mesures nécessaires et les porter à la connaissance des agents relevant de votre service.

Le Secrétaire général

Prénom et Nom

La note administrative

Définition

La note administrative est courante dans l'administration, autant que les lettres.

Il existe, nous l'avons vu, deux types de lettres dans l'administration : les lettres « en forme administrative » et les lettres « en forme personnelle » dont les caractéristiques ont été précisées dans les fiches précédentes (*voir fiches 13 et 14*). En particulier, ces documents permettent de transmettre des informations vers l'extérieur.

Néanmoins, lorsque l'on doit s'adresser à un collègue, un supérieur hiérarchique ou un subordonné, à l'intérieur d'une même administration (un même ministère, une même collectivité, une même direction…), on emploie la note.

Document d'ordre interne, la note circule au sein des services et n'a donc pas de sens hiérarchique. Elle peut être préparée à l'attention d'un supérieur ou d'un subordonné. C'est un document de communication très utilisé pour l'organisation interne.

La note n'est pas communicable à une personne extérieure à l'administration et n'est pas opposable aux tiers.

Présentation de la note administrative

Comme tous les documents administratifs, elle est présentée selon des critères spécifiques. Elle comporte les éléments suivants (les mêmes que ceux de la note de service présentée ci-dessus) :

1. Le logo, timbre.

2. La mention « note ».

3. L'objet éventuellement suivi des mentions Réf. : référence et PJ : pièce(s) jointe(s).

4. Le texte rédigé de la note (introduction, développement, conclusion).

5. La fonction du signataire.

6. La signature de l'auteur (ou du responsable) de la note.

7. Le nom du signataire.

Cette note, ayant l'aspect d'une lettre, est généralement courte et commence par la mention : « Note à l'attention de… ».

La voie hiérarchique est indiquée par la formule : « s/c de… » (« sous couvert de… »).

Exemples de notes administratives

 **Exemple (présentation générale)**

Note à l'attention
de Monsieur le Directeur,
s/c de…

Objet : ouverture des commerces le dimanche
Réf. : loi…, décret…

(Introduction)

Le principe du repos dominical est devenu, au cours de ces dernières années, l'objet de controverses largement développées par les médias. Les arguments utilisés renvoient aux exigences économiques appréhendées à la fois au niveau de l'entreprise et de la nation, et aux besoins de l'individu avec le souci de protéger le travailleur tout en permettant au consommateur d'assouvir ses désirs.

(Développement)

Si la note fait plus de 2 pages, il sera alors préférable de construire le développement avec des titres et des sous-titres pour plus de facilité de lecture.

(Conclusion)

Il semble difficile de remettre en cause le principe du repos dominical. Toutefois, certains aménagements pourraient être envisagés, dans certains secteurs (culturels, par exemple).

 Exemple de note

Direction des Ressources humaines et des Moyens
Service départemental d'action sociale   À..., le...
Affaire suivie par...
Tél. :
E-mail :
NOTE À L'ENSEMBLE DU PERSONNEL

Objet : mise en œuvre du dispositif d'aide au maintien à domicile pour les retraités de la Fonction publique d'État

Réf. : (loi, décret...)

PJ : 1 fiche pratique

Dans le cadre de sa politique nationale de prévention et d'accompagnement du risque de dépendance des personnes socialement fragilisées, le ministère en charge de la Fonction publique met en œuvre une aide au maintien à domicile en faveur de ses retraités, dont le dispositif a été confié à la caisse nationale d'assurance vieillesse (CNAV).

1) Principe et contenu de la prestation de l'aide au maintien à domicile

L'objectif du dispositif d'aide au maintien à domicile, introduit par le décret..., est de permettre aux retraités de l'État de bénéficier d'une aide, au même titre que les retraités des autres régimes.

Il vise à anticiper la perte d'autonomie en leur proposant un plan d'aide personnalisé qui tient compte de leurs besoins spécifiques et de leur situation de fragilité sociale (conditions de vie, état de santé, isolement).

Cette évaluation préalable est réalisée par une structure indépendante, désignée par la CNAV.

Le plan d'aide peut comprendre deux volets :

– un plan d'action personnalisé (aide à domicile ; actions favorisant la sécurité ; soutien ponctuel en cas de retour d'hospitalisation ou en cas de périodes de fragilité physique ou sociale) ;

– une aide habitat et cadre de vie (financement de travaux d'aménagement ; achat et installation de matériel).

2) Bénéficiaires de l'aide au maintien à domicile

L'aide proposée concerne les fonctionnaires et ouvriers retraités de l'État, titulaires d'une pension civile de retraite ainsi que leurs ayants cause (veuf et veuve non remariés), titulaires d'une pension de réversion.

Le dispositif vise ainsi à soulager les personnes, disposant de faibles ressources…

Pour pouvoir en bénéficier, le demandeur doit être âgé…

Son état de dépendance doit être évalué……………

3) Les acteurs de la mise en œuvre du dispositif

• La CNAV

Reconnue pour ses compétences en matière d'animation de réseau, la CNAV……………

• L'État

L'État participe au financement des dépenses engagées ……………

• Les CARSAT

Les caisses d'assurance retraite et de santé au travail (CARSAT) instruisent les dossiers de demande.................

Par ailleurs, le portail de la fonction publique met à disposition des demandeurs des notices de demandes d'aide au maintien à domicile et d'aide au retour à domicile après hospitalisation.

Fonction du signataire
Prénom Nom

La note est très utilisée dans le travail quotidien de l'administration.

La note est aussi une épreuve écrite de nombreux concours administratifs. Cette partie concernant les concours est présentée dans la fiche suivante (*fiche 19*).

Autre note de service

(Timbre)
PRÉFECTURE DE BASSE-LOIRE
Direction...   À..., le...
Bureau...
Affaire suivie par...
Tél. :
E-mail :

Note
À l'attention de
Mesdames et Messieurs les Directeurs
Mesdames et Messieurs les chefs de services

Objet : traitements des courriers adressés à Monsieur Jean SCRIBE, Préfet

Monsieur Jean SCRIBE, Préfet de Basse-Loire, attache une grande importance au traitement des courriers qui lui sont adressés tant par les élus que par les particuliers.

Il souhaite que chaque correspondance fasse non seulement l'objet d'un accusé de réception, mais également d'une réponse circonstanciée sur le fond, dans des délais aussi brefs que possible.

Aussi, les dossiers dont vous êtes saisis et impliquant un projet de réponse susceptible d'être mis à la signature du Préfet, du directeur de cabinet ou du secrétaire général, devront désormais être traités selon les degrés d'urgence définis ci-après.

Les dossiers particuliers signalés, qui porteront la mention « urgent », seront traités dans un délai de 30 jours. Les autres dossiers appellent, quant à eux, un traitement qui ne pourra pas excéder 60 jours.

J'attache une importance particulière au respect de ces délais ainsi qu'à la qualité et à la pertinence des éléments de réponse que vous voudrez bien me soumettre.

Je vous remercie d'adapter en conséquence l'organisation de vos services et de donner les directives nécessaires aux agents placés sous votre autorité en appelant leur attention sur le fait que ces délais devront être scrupuleusement respectés.

Signature
Prénom nom

IDENTIFIER LES DIFFÉRENTES NOTES UTILISÉES DANS L'ADMINISTRATION : LA NOTE EN SITUATION DE CONCOURS

La note administrative, la note de synthèse, la note en milieu professionnel, la note assortie de propositions...

Au sein de l'administration, ces notes sont couramment rédigées. Mais elles constituent aussi l'épreuve écrite de nombreux concours.

Les notes administratives, les notes de synthèse, les notes assorties de propositions consistent à dégager d'un dossier, en réponse à une question posée, ou en réponse à une problématique, les éléments essentiels qui doivent ensuite être présentés de manière cohérente pour être utiles au lecteur et conduire son action.

En situation professionnelle, ces notes sont réalisées essentiellement à partir de documents administratifs (lois, décrets, arrêtés, circulaires, fiches de procédure, fiches de sites de l'administration...). En situation de concours, ces notes sont réalisées à partir de documents normatifs (lois, décrets), mais aussi à partir de documents plus divers (articles de revues spécialisées, articles de presse grand public, fiche d'un site Internet, notes, études, statistiques...).

En milieu professionnel, ces notes ont une finalité pratique ; elles sont adressées à un destinataire désigné chargé de conduire une action.

Dans un concours, le candidat est mis en situation : il doit rappeler le contexte puis, souvent, proposer une orientation, une ligne d'action, des propositions concrètes… Il doit donc se mettre en situation concrète.

Notes en situation de concours

Exemple 1

« Vous exercez vos fonctions dans un service déconcentré de l'État d'un département situé sur le littoral.
Votre directeur s'interroge sur les possibilités de recruter du personnel saisonnier et occasionnel pour faire face aux vacances de postes susceptibles de poser des difficultés pour la continuité des services à certaines périodes de l'année. Il souhaiterait en particulier recourir à l'intérim, peu utilisé dans la fonction publique.
Dans cette perspective, il vous demande de rédiger une note faisant le point sur le recours à l'intérim dans la fonction publique et de proposer des solutions opérationnelles adéquates. »

Exemple 2

« Vous exercez vos fonctions dans le département de X.
Le préfet participera prochainement à l'assemblée générale du Comité départemental d'expansion économique.
Il vous demande de lui rédiger une note de synthèse sur les aspects économiques qu'il pourrait développer dans l'allocution qu'il prononcera à l'occasion de cette assemblée générale.
Vous devez rédiger cette note à l'aide des éléments contenus dans le dossier ci-joint. »

Dans ces sujets, il est demandé de rédiger une note : le candidat est mis en situation, le destinataire de la note est bien précisé, la note constitue un document opérationnel, directement utilisable par l'autorité à qui elle est destinée.

▶ La **note administrative** (exemple 1) constitue une aide à la décision ; le supérieur hiérarchique doit pouvoir prendre position en parfaite connaissance de cause, en suivant ou non les avis et propositions qui peuvent être exprimés par le rédacteur.

▶ La **note de synthèse** (exemple 2) a souvent une portée plus générale, ne mettant pas le candidat en situation.

> **Autres exemples de notes de synthèse**
>
> «Vous rédigerez une note exposant les problèmes actuels de la marine marchande.»
>
> «À l'aide des documents ci-joints, vous rédigerez une note sur les enfants maltraités en France et les solutions susceptibles d'être apportées à ce problème.»
>
> «À l'aide du dossier ci-joint, il vous est demandé de rédiger une note sur les inégalités entre les hommes et les femmes dans la fonction publique ainsi que les avancées législatives et réglementaires intervenues pour faire évoluer la situation.»

Dans ces exemples, le candidat n'a pas à donner son avis ni à faire de propositions : le sujet ne le demande pas.

À noter que, souvent, aujourd'hui, les épreuves de concours intitulées «note de synthèse» consistent en fait à traiter une note administrative : c'est pourquoi une lecture attentive du sujet est importante car elle permet au candidat de bien repérer ce qui est attendu (information générale, avis, propositions, à qui est destinée la note...).

> Dans un grand nombre de concours, aujourd'hui, l'épreuve écrite a évolué et consiste en la résolution d'un «cas pratique». Cette épreuve consiste à mettre le candidat en situation professionnelle. Il peut ainsi être amené à rédiger une note, une lettre, une fiche, un tableau, un calendrier de réalisation d'une action, un communiqué de presse, une note de service, une lettre, un projet de circulaire, ou tout autre document.

Bien se préparer à rédiger la note le jour du concours

L'épreuve du concours consiste, à partir d'un sujet et d'un dossier composé de plusieurs documents (textes législatifs et réglementaires, décisions, jurisprudence, articles de presse...), à rédiger une note de 4 à 6 pages.

La note ne suppose pas de connaissances spécialisées, mais un savoir-faire qui peut s'acquérir par l'entraînement.

Cette épreuve exige des qualités :

- d'analyse (il faut dégager les idées essentielles en sachant lire rapidement des textes parfois techniques) ;
- de synthèse (il faut être concis et efficace, sans perdre de vue le sujet) ;
- de logique (il faut rédiger l'ensemble de façon cohérente, c'est-à-dire mettre en forme ses idées selon un plan logique et structuré).

Les différents types de notes dans les concours

Il existe, dans les concours, différents types de notes.

La note destinée à faire le point sur un problème

Il est demandé au candidat de faire le point sur un problème ou une réglementation à partir de documents fournis au candidat. Il n'a pas à donner son avis, ni faire des propositions concrètes d'application (c'est le cas des notes de synthèse).

La note assortie de propositions

Dans ce type de note, le sujet peut introduire une exigence supplémentaire : il est demandé au candidat d'assortir son étude de propositions concrètes.

Deux cas peuvent alors se présenter.

- **Premier cas** : les éléments nécessaires à l'élaboration des propositions peuvent être contenus dans le dossier. Dans cette hypothèse, c'est surtout la qualité de lecture des pièces du dossier qui sera déterminante.

> **Exemple**
>
> « Vous êtes en poste à la Direction de l'administration générale du ministère de l'Industrie (bureau de gestion immobilière). Dans le cadre d'une recherche de locaux par votre administration, vous devez rédiger une note sur les procédures qu'une administration de l'État doit suivre lorsqu'elle souhaite prendre à bail un immeuble. Par ailleurs, votre note doit proposer une solution qui permette à l'administration

concernée d'effectuer la prise à bail souhaitée alors que le service des domaines a donné un avis négatif. »

La première partie du travail demandé (rappel de la procédure) ne pose pas de difficultés.

En revanche, le traitement de la seconde partie consiste à trouver une solution au problème posé.

En fait, en analysant le dossier fourni, on constate que ce cas est prévu : il suffit donc de reprendre les indications données.

▶ **Deuxième cas** : il est possible que l'on vous demande de faire des propositions sans que le dossier vous fournisse tous les éléments nécessaires.

Exemple

Reprenons l'exemple déjà cité :
« Vous exercez vos fonctions dans un service déconcentré de l'État d'un département situé sur le littoral.
Votre directeur s'interroge sur les possibilités de recruter du personnel saisonnier et occasionnel pour faire face aux vacances de postes susceptibles de poser des difficultés pour la continuité des services à certaines périodes de l'année. Il souhaiterait en particulier recourir à l'intérim, peu utilisé dans la fonction publique.
Dans cette perspective, il vous demande de rédiger une note faisant le point sur le recours à l'intérim dans la fonction publique. Il vous demande également de lui proposer les actions à mettre en place afin de faciliter l'intégration de ces nouveaux agents au sein des équipes. »

Il faudra ici faire appel à vos connaissances administratives générales (comment mieux communiquer au sein des services, quel type d'actions prévoir : réunions, intranet, notes de service…) à votre bon sens en :
– tenant compte du contexte et présenter des solutions réalistes ;
– évitant des propositions trop brèves, peu claires, mal formulées.

La note avec élaboration d'un ou plusieurs documents annexes

Le candidat peut être amené à élaborer une note et un document comme une circulaire explicative, une lettre, une fiche, un plan d'action…

Exemple

Reprenons l'exemple ci-dessus. Il pourrait être demandé de rédiger une **note et un plan de communication**.

Ce sujet exigerait donc la production de deux documents : une **note et une fiche ou un tableau** précisant de façon concrète le plan de communication à mettre en place.

Ainsi, dans les épreuves écrites de concours, il peut vous être demandé de produire divers documents afin de présenter une action précise (fiche, tableau, calendrier, plan d'action… mais aussi : lettres, notes de service, courriels, fiches…).

Le candidat devra ici faire appel à ses connaissances et savoir-faire personnels et professionnels pour répondre à ce genre de problématique (c'est pourquoi ce type de sujet est plutôt réservé aux candidats de concours internes ayant déjà des connaissances concrètes d'actions administratives).

Bien connaître la méthode de travail de cette épreuve écrite

L'élaboration de la note comporte quatre grandes phases :
- la lecture du sujet et de la liste des documents ;
- la lecture et l'analyse des documents, avec prise de notes ;
- la construction du plan ;
- la rédaction de la note.

Lecture du sujet et de la liste des documents

Elle est indispensable pour bien se mettre en situation professionnelle concrète et repérer la commande.

Il faudra bien mémoriser le sujet afin d'éviter tout dérapage ou hors sujet.

Lecture et analyse des documents, avec prise de notes

Un premier survol du dossier est nécessaire. Il permet :
- de repérer les documents qui le composent ;

- d'entrer dans le sujet, en repérant les titres, sous-titres, mots en italique ou en caractères gras... ;
- de rechercher le ou les textes les plus importants en fonction du sujet ;
- de les hiérarchiser pour choisir celui à partir duquel se fera l'essentiel de la prise de notes.

Des stages de « lecture rapide », « lecture sélective » ou « lecture active » permettent d'améliorer ses propres capacités à repérer rapidement, dans des textes parfois difficiles à lire, les éléments nécessaires à l'élaboration de la note.

Une lecture sélective et approfondie est ensuite entreprise. C'est lors de cette lecture que se fait la prise de notes : en soulignant, en annotant et en relevant au fur et à mesure, sur une feuille séparée, les idées importantes ou informations en rapport avec le sujet.

Il existe différentes méthodes de prise de notes :
- soit en les inscrivant dans un tableau synoptique que l'on construit au fur et à mesure (ci-après) ;
- soit en les inscrivant dans un schéma heuristique (ci-après) ;
- soit toute autre méthode dans laquelle vous vous sentirez à l'aise.

Quelle que soit la méthode retenue, elle doit permettre un premier classement des idées ou informations retenues.

La prise de notes

La prise de notes peut se faire sous forme de schémas ou tableaux variés : à chacun de repérer celui qui lui convient le mieux.

Exemple de tableau synoptique

1. Le dossier type « PROJET/PROGRAMME »

Contexte	Objectifs	Moyens			Conditions de réussite	Mise en œuvre	Évaluation prévue
		Juridiques	Techniques	Financiers			

2. Le dossier type « PROBLÈME »

Situation	Problème diagnostic	Solutions possibles	Solution à retenir	Conditions de réussite	Mise en œuvre	Évaluation

3. Le dossier type « LOI » réglementation

Esprit	Contenu	Champ d'application	Contrôle	Possibilités de recours	Intérêts limites

4. Le dossier type « PRÉSENTATION D'UN ORGANISME, D'UN SERVICE »

Statut	Missions	Moyens	Fonctionnement	Bilan	Perspectives

Le schéma heuristique

Il consiste à inscrire en milieu de page l'idée essentielle, puis, par des flèches, d'y rattacher toute idée, toute idée nouvelle, puis de rattacher à ce nouveau point toute idée secondaire.

Le schéma SPRI

Situation : (état des lieux)	**Problème(s)**
Rappel des éléments de l'état des lieux.	Identification du ou des problèmes.
Résolution	**Information**
Solutions possibles.	Les moyens de mise en œuvre des solutions proposées et la liste des dispositifs d'information ou de communication à réaliser.

Le schéma SPRI (situation, problèmes, résolution, information) fonctionne bien dans les notes assorties de propositions et lorsqu'un ou des problème(s) sont posés.
La qualité de la prise de notes permettra d'aborder plus facilement l'étape suivante : la construction du plan.

La construction du plan

C'est un moment clé de l'épreuve.

Il vaut mieux choisir un plan simple même s'il paraît banal. L'exactitude et la précision des réponses sont déterminantes. L'originalité, voire la fantaisie, sont ici proscrites.

Dans la recherche du plan, deux cas de figure principaux peuvent se présenter :

- soit la façon dont est formulé le sujet induit tout naturellement un plan ;
- soit au contraire, aucune piste de travail n'est fournie dans le sujet.

Dans le premier cas, il y a tout intérêt à suivre le fil directeur suggéré par l'énoncé du sujet.

Sinon, on il faut mieux bâtir la note en trois parties traitant successivement :

- l'état du droit ;
- les problèmes posés ;
- des propositions d'amélioration.

Dans tous les cas de figure, le plus important est de faire clairement apparaître les diverses parties. Pour ce faire, il faut :

- aérer la copie en laissant deux ou trois interlignes entre chacune des parties et sous-parties ;
- aller à la ligne à chaque paragraphe.

La rédaction de la note

Une fois le plan élaboré, on rédigera, au brouillon, l'introduction. Celle-ci doit être particulièrement soignée car elle permet au lecteur de repérer tout de suite si le candidat a bien compris le sujet, s'il est pertinent dans la façon dont il le traite, si les grandes étapes de son raisonnement sont bien mises en évidence.

L'introduction doit rester brève, mais complète :

- la première phrase rappelle le contexte ;

❱ vient ensuite la problématique ;
❱ puis l'annonce du plan.

Le développement de la note devra ensuite être rédigé directement au propre.

La présentation doit être soignée, l'ensemble aéré en travaillant les paragraphes ; un espace sera laissé entre les différentes parties et sous-parties du développement. Ces parties et sous-parties seront présentées par des titres et des sous-titres explicites.

Chacune des parties débutera par une phrase annonçant ce qui suit.

Ces titres et annonces de plan permettent au lecteur de suivre le raisonnement qu'on lui propose avant même de lire tout le contenu. Cette première approche permet au lecteur de repérer rapidement la qualité du devoir qui lui est soumis.

Les conclusions partielles en fin de chacune des grandes parties procèdent de la même logique ; elles facilitent la compréhension de la démonstration en faisant le point sur ce qui vient d'être décrit et en annonçant la suite du développement.

Quant à la conclusion de la note, elle n'est pas toujours nécessaire. Tout dépend de la nature du sujet. Cependant, elle est souhaitable : elle permet de clore le sujet de façon élégante. Elle peut aussi permettre :

❱ d'insister sur un point fort, sur une idée importante ;
❱ d'insister sur une proposition ou une suggestion ;
❱ de faire des recommandations.

> Attention, la conclusion d'une note doit boucler le sujet ; en aucun cas elle ne doit le relancer, ni présenter de nouvelles idées, ni ouvrir le débat.

 **Exemple de note**
(ou de rapport, qui serait présenté selon le même schéma)

DDT de X

Secrétariat général

Bureau des
Ressources humaines et de la formation

À…, le…

Affaire suivie par :
Tél. :
Courriel :

Note à l'attention de Monsieur le Secrétaire général
S/c de la hiérarchie

Objet : projet de mise en œuvre du télétravail à la DDT de X
Réf. :
– Loi 2012-347 du 12 mars 2012, relative à…
– Loi 2012-387 du 22 mars 2012, relative à…
PJ : 1 plan d'action

Dans la perspective d'un projet de mise en œuvre du télétravail au sein de la DDT, vous avez souhaité obtenir des informations relatives à ce mode d'organisation du travail. La présente note fait tout d'abord un état des lieux du télétravail, puis en rappelle les principes et les enjeux, et pose enfin les jalons d'un projet de mise en œuvre du télétravail, à l'aide d'un plan d'action pour faire aboutir ce projet dans les 12 mois à venir.

I – État des lieux du télétravail

Le développement des technologies d'information et de communication (TIC) permet d'exercer son activité professionnelle à l'extérieur de son lieu habituel, à domicile ou en déplacement, et permet ainsi une organisation en mode télétravail. Si ce mode d'organisation du travail est embryonnaire au sein des administrations, la récente évolution réglementaire permet d'en cerner les contours.

…/…

A – Fonction publique et télétravail

Si le télétravail se développe progressivement à l'échelle nationale, avec environ 16 % des actifs devenus télétravailleurs, il reste très marginal au sein de la fonction publique, avec une vingtaine d'expérimentations à ce jour et environ 400 télétravailleurs identifiés.

Principalement mis en œuvre au sein de la fonction publique territoriale (conseils généraux, communautés d'agglomération, etc.), le télétravail est très peu développé dans les services de l'État. La fonction publique hospitalière est quant à elle limitée par ses métiers, essentiellement orientés vers les soins aux patients avec l'obligation de présence des agents.

Cependant, les expériences conduites ont permis de dégager les enseignements et de lever les blocages à la mise en œuvre de cette organisation.

B – Le cadre réglementaire du télétravail

Alors que la notion de télétravail n'était pas inscrite dans le Code du travail, elle a pris corps autour d'un accord-cadre européen de 2002, transposé en France par l'Accord national interprofessionnel du 19 juillet 2005, qui encadrait, jusqu'à 2012, le télétravail dans le secteur privé.

Deux rapports ont été remis au gouvernement (en 2006 et 2011), qui ont conduit à intégrer officiellement le télétravail dans le droit français (Code du travail).

La loi dite « Warsmann » n° 2012-387 du 22 mars 2012…

La loi « Sauvadet » n° 2012-347 du 12 mars 2012 (art. 133) élargit le recours au télétravail aux agents de la fonction publique (fonctionnaires, agents non titulaires et magistrats)…

Compte tenu des éléments de cet état des lieux, il convient de mieux connaître les principes et les enjeux du télétravail, afin d'en promouvoir l'utilisation au sein de la fonction publique.

II – Principes et enjeux du télétravail

Au-delà des principes de base, la loi encadre le télétravail de certaines obligations. S'engager dans cette démarche suppose également d'avoir bien identifié les enjeux, tant pour les agents que pour le service.

A – Les principes d'encadrement du télétravail et les obligations qui en découlent

Deux principes de base doivent fonder toute mise en œuvre de télétravail : le volontariat et la réversibilité…

Par ailleurs, la loi a posé des obligations de l'employeur envers le télétravailleur (loi Warsmann – art. 46), inscrites dans le Code du travail :.....

B – Des enjeux et des points de vigilance particulière

Le télétravail représente un enjeu de rénovation des pratiques professionnelles et managériales.

C'est une modalité d'organisation exigeante, dont la réussite repose sur l'autodiscipline du télétravailleur et la confiance que ses résultats inspirent à sa hiérarchie.

Pour les agents, le télétravail représente :…

Pour le service, les bénéfices du télétravail prennent diverses formes :…

Enfin, quelques points doivent appeler à la vigilance :…

Le panorama des règles et des enjeux du télétravail permet de mesurer l'importance d'une bonne préparation pour sa mise en œuvre, afin que la démarche aboutisse. En s'appuyant sur les retours d'expériences capitalisés au sein de la fonction publique, il est possible de définir les conditions les plus favorables pour mener à bien un tel projet.

…/…

III – La mise en œuvre d'une démarche de télétravail au sein de la DDT de X

Cette démarche doit par nature être conduite en mode projet, afin de fédérer l'encadrement et les agents autour de ce changement…

A – Les facteurs facilitant et les freins à lever

Certains facteurs sont de nature à faciliter l'appropriation du projet par les agents, tels que :…

Par ailleurs, les enseignements tirés des expériences de télétravail révèlent que certains aspects sont potentiellement bloquants s'ils ne font pas l'objet d'un accompagnement spécifique :…

B – Les outils de la démarche et les acteurs

Au-delà des instances consultatives habituelles (CODIR – Comité de direction, CT – comité technique), d'autres, plus spécifiques, devront être déployées pour piloter et animer ce projet : un comité de pilotage (COPIL) et une équipe projet.

– Le COPIL a pour rôle de fixer les orientations à suivre et d'arrêter les décisions (métiers éligibles, quotité de télétravail, logiciels, confidentialité, etc.).

Composition : le Directeur et/ou la Secrétaire générale, le responsable RH, le responsable des systèmes d'information (DSI), le médecin de prévention, le chef de projet.

– L'équipe-projet est regroupée autour d'un chef de projet, qui peut être un chargé de mission « télétravail », issu des RH (ressources humaines)…

Composition : cette équipe est constituée des représentants des fonctions ou métiers de la DDT, qui pourront s'organiser en groupes de travaux en fonction des thèmes à examiner.

Enfin, les représentants du personnel (organisations syndicales et CHSCT (comité hygiène, sécurité et conditions de travail) et les assistants de prévention des RPS (risques psychosociaux) seront associés aux étapes du projet, et consultés sur les points importants ressortant à leurs attributions.

C – Méthodologie générale du projet

La démarche s'articule autour de trois grandes phases opérationnelles : préparation, expérimentation et généralisation. Elle sera suivie d'un bilan d'évaluation des résultats.

Un plan de communication prévoyant des réunions régulières avec les agents permettra de les impliquer et d'assurer l'accompagnement de ce changement, en recueillant les avis et suggestions…

Un plan d'action détaillé vous est proposé en annexe.

Tels sont les éléments que je souhaitais vous présenter. Je reste à votre disposition pour toute information complémentaire et suis prêt(e) à prendre part à ce projet au sein de la DDT.

Le chef du bureau RH & Formation

IDENTIFIER ET RÉDIGER UN RAPPORT

Définition

C'est un document d'ordre interne destiné à renseigner un supérieur hiérarchique. Document préalable et préparatoire pour prendre une décision, il n'est pas opposable aux tiers.

Il rend compte d'une question importante, complexe, technique et s'efforce de dégager des orientations, des conclusions, des propositions. C'est donc un document important d'aide à la décision.

Il doit être précis, complet, solidement construit et argumenté. Toutes les informations qu'il contient doivent être soigneusement vérifiées, tant sous leur aspect juridique, technique, juridictionnel, que sur leurs incidences dans les domaines sociaux et économiques, le cas échéant.

C'est un exercice courant en situation professionnelle ; il peut aussi être une épreuve écrite de concours.

Technique de rédaction

Le rapport doit être objectif, impartial et neutre. Son style est direct et personnel. Le rédacteur utilise la première personne du singulier « je » : il intervient ici en son nom personnel, au titre de sa fonction, et s'engage donc sur le contenu qu'il expose.

Le rapport ne comporte ni formule d'appel ni formule de politesse.

Présentation du rapport

Le rapport se présente comme la note.

Comme pour les autres documents administratifs, il est structuré et comporte une introduction, un développement, une conclusion. Il comporte aussi les éléments suivants :

1. Le logo (charte graphique), puis en haut et à gauche, le timbre permettant l'identification du service :
▶ la mention du ministère ou de l'administration à l'origine du document ;
▶ la direction, la sous-direction éventuellement ;
▶ le service, bureau ou subdivision en toutes lettres.

2. Le lieu et la date.

3. Le titre « Rapport à l'attention de… ».

4. L'objet indiquant avec précision le sujet du rapport.

5. La mention de la référence : Réf.

6. La mention de la ou des pièce(s) jointe(s) : PJ.

7. Le texte du rapport (avec une introduction, un développement et une conclusion).

8. La fonction du signataire, la signature, son nom.

9. La ponctuation…/… si le texte se poursuit sur l'autre page.

10. La mention du ou des destinataires (le cas échéant, lorsque le rapport doit être transmis à plusieurs personnes).

PRÉSENTATION DU RAPPORT

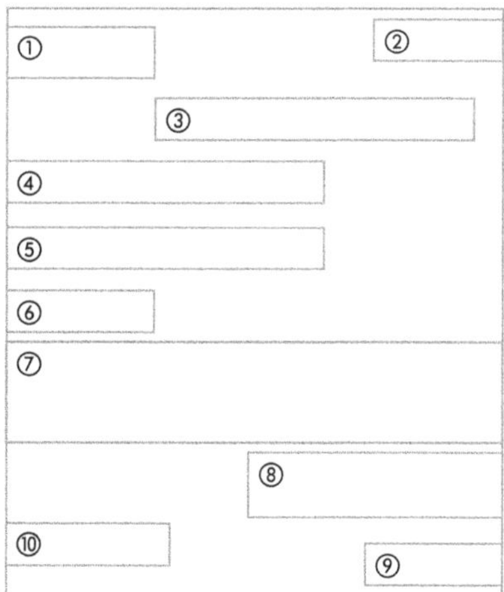

 **Exemple de présentation**

> Logo
>
> (Timbre)
> XX/YY   À..., le...
> Affaire suivie par :
> Objet :
> Réf. :
> PJ :
>
>
> Rapport
> à l'attention de...
> (et éventuellement)
> s/c de...

 **Autre exemple**

> RAPPORT
> à l'attention de
> Monsieur le Directeur de la Sécurité routière
> concernant la limitation de vitesse des véhicules automobiles

Ou :

> RAPPORT
> Objet : limitation de vitesse des véhicules automobiles
> Puis : une introduction, un développement et une conclusion
> Et les éléments de la signature

Le rapport, épreuve de concours

Le rapport est aussi une épreuve écrite de certains concours. Sa rédaction demande la même attention et obéit à la même technique que celle de la note.

L'élaboration du rapport, comme de la note, comporte les étapes suivantes :

- la lecture du sujet et le repérage de la commande ;
- la lecture et l'analyse des documents ;
- la prise de notes ;
- l'élaboration du plan ;
- la rédaction.

Les explications données pour la note valent pour le rapport dont l'élaboration obéit aux mêmes règles. De même, le plan doit être construit selon le même schéma que celui de la note (*voir fiches 18 et 19*).

Exemple de rapport

(Cet exemple reprend celui de la note, fiche 19, seul le titre change, car comme indiqué précédemment, il existe peu de différences entre la note et le rapport.)

Liberté • Égalité • Fraternité
RÉPUBLIQUE FRANÇAISE

DDT de X
Secrétariat général
Bureau des   À..., le...
Ressources humaines et de la formation

Affaire suivie par :
Tél. :
Courriel :

.../...

Rapport à l'attention de Monsieur le Secrétaire général
s/c de la hiérarchie

Objet : projet de mise en œuvre du télétravail à la DDT de X

Réf. :
– Loi 2012-347 du 12 mars 2012, relative à…
– Loi 2012-387 du 22 mars 2012, relative à…

PJ : un plan d'actions

Dans la perspective d'un projet de mise en œuvre du télétravail au sein de la DDT, vous avez souhaité obtenir des informations relatives à ce mode d'organisation du travail. Le présent rapport fait tout d'abord un état des lieux du télétravail, puis en rappelle les principes et les enjeux, et pose enfin les jalons d'un projet de mise en œuvre du télétravail, à l'aide d'un plan d'action pour faire aboutir ce projet dans les 12 mois à venir.

I – État des lieux du télétravail

A – Fonction publique et télétravail
B – Le cadre réglementaire du télétravail

II – Principes et enjeux du télétravail

A – Les principes d'encadrement du télétravail et les obligations qui en découlent
B – Des enjeux et des points de vigilance particulière

III – La mise en œuvre d'une démarche de télétravail au sein de la DDT de X

A – Les facteurs facilitant et les freins à lever
B – Les outils de la démarche et les acteurs
C – Méthodologie générale du projet

Tels sont les éléments que je souhaitais vous présenter. Je reste à votre disposition pour toute information complémentaire et suis prêt(e) à prendre part à ce projet au sein de la DDT.

Le chef du bureau RH et Formation

IDENTIFIER ET RÉDIGER UN ARRÊTÉ

Définition

Un arrêté est un acte juridique, matérialisant une décision qui crée des droits et des obligations et qui peut être opposable aux tiers.

Toutefois, il n'est opposable qu'après exécution des mesures de publicité. En effet, pour acquérir sa valeur juridique, un arrêté doit être :

- **publié**, lorsqu'il contient des dispositions d'ordre réglementaire (il peut être publié dans un recueil des actes administratifs, ou au *Journal officiel*, ou par voie de presse…) ;
- **notifié**, s'il comporte des dispositions individuelles (dans ce cas, il est transmis par courrier aux personnes concernées) ;
- **transmis**, pour ce qui concerne les arrêtés des collectivités territoriales, au représentant de l'État dans le département chargé de contrôler sa légalité.

Acte de communication externe, l'arrêté, opposable aux tiers, peut être contesté devant le juge administratif. Sa rédaction et sa procédure de communication doivent donc être rigoureuses puisqu'il peut faire l'objet de recours.

Technique de rédaction

La structure de l'arrêté n'obéit pas à des règles de présentation définies par des textes réglementaires. Cependant, certaines indications sont obligatoires dans sa rédaction.

Les arrêtés comportent les éléments suivants :

- **la fonction de l'auteur de l'arrêté**, ainsi que ses distinctions honorifiques ;
- **les visas** : ils concernent les textes en application desquels est pris l'arrêté. L'ordre dans lequel sont inscrits les visas respecte la hiérarchie des normes et, à normes égales, la chronologie des textes ;

- **les considérants** : ils se rapportent à des faits ou à des circonstances motivant l'élaboration d'un arrêté, ou motivant la décision ;
- **la mention « arrête »** ;
- **la subdivision en articles** ;
- **la désignation des fonctionnaires chargés de l'exécution de l'arrêté** ;
- **la date et la signature**.

Une règle prédomine dans la rédaction de l'arrêté : la motivation de la décision.

En effet, la loi et la jurisprudence imposent aux personnes publiques de motiver leurs décisions négatives, lorsque celles-ci portent atteinte à un droit ou restreignent une liberté. Le défaut ou l'insuffisance de motivation peut conduire le juge administratif à annuler la décision en cause, même si elle est fondée juridiquement.

Le style doit être précis, la présentation claire et logique.

La présentation, la mise en page notamment, contribue à sa lisibilité, en faisant bien ressortir l'essentiel de la décision.

Une rédaction confuse, maladroite ou imprécise en diminuerait l'efficacité, pourrait susciter diverses interprétations et présenter une source de malentendus, voire de contentieux.

Présentation matérielle d'un arrêté

Les visas, figurant en début de l'arrêté et fondant la décision, doivent être classés selon la hiérarchie des normes. À normes égales, le classement est alors chronologique.

Les circulaires ne doivent pas être citées dans les visas.

La partie « considérant » doit faire apparaître les raisons de la décision ou les motivations d'un refus dans le cas de décisions négatives.

Un arrêté doit comporter autant d'articles que nécessaire afin de faire apparaître clairement la décision ainsi que ses modalités de mise en œuvre, ses conséquences, ses effets…

Le dernier article est appelé « formule exécutoire ». C'est l'article qui cite les autorités chargées de son exécution. Cet article précise aussi les conditions de publicité de l'arrêté.

 Exemple de présentation de l'arrêté

Logo

(Timbre)
Préfecture de…
Direction…
Service…
Affaire suivie par :
Tél. :
E-mail :

ARRÊTÉ N°… DU…
portant… (objet de l'arrêté)

Le Préfet de…
Chevalier de la Légion d'Honneur…
(distinctions honorifiques)

Visas (selon la hiérarchie des normes : le niveau le plus élevé en premier)
VU… (lois)
VU… (codes)
VU… (décrets)
CONSIDÉRANT… (indique les motivations de la décision)

ARRÊTE :

Article 1er :
Article 2 :
Article 3 :
Article (dernier article) : Formule exécutoire

Fait à…, le…
Le Préfet

 Exemple d'arrêté

Liberté • Égalité • Fraternité
RÉPUBLIQUE FRANÇAISE

MINISTÈRE
PRÉFECTURE DE…

Cabinet
Adresse :
Tél. :
E-mail :

ARRÊTÉ PRÉFECTORAL N°…
INTERDISANT LA TENUE D'UNE RAVE-PARTIE
DANS LA COMMUNE DE YYY,
DÉPARTEMENT DE XXX

Le Préfet de XXX,
Chevalier de la Légion d'Honneur…

Vu la loi n° 95-73 du 21 janvier 1995 d'orientation et de programmation relative à la sécurité ;

Vu la loi n° 2001-1062 du 15 novembre 2001 relative à la sécurité quotidienne ;

Vu le décret n° 2002-887 du 3 mai 2002 pris pour l'application de l'article 23-1 de la loi n° 95-73 du 21 janvier 1995 et relatif à certains rassemblements festifs à caractère musical ;

Vu le décret n° 2006-334 du 21 mars 2006 modifiant le décret n° 2002-887 du 3 mai 2002 pris pour l'application de l'article 23-1 de la loi n° 95-73 du 21 janvier 1995 et relatif à certains rassemblements festifs à caractère musical.

Vu l'arrêté du 3 mai 2002 fixant les conditions de souscription de l'engagement de bonnes pratiques relatif aux rassemblements exclusivement festifs à caractère musical avec diffusion de musique amplifiée ;

Vu la demande de Monsieur…, président de l'association… qui souhaite organiser une « rave-party » le dernier week-end d'août 20… dans la commune de YYY ;

CONSIDÉRANT que la tenue de rassemblements festifs à caractère musical sur le terrain identifié au cadastre de la commune de YYY, sous le numéro…, présenterait des risques de troubles graves à l'ordre, la sécurité, la salubrité et la tranquillité publiques, dans la mesure où ce terrain ne pourrait être pourvu de dispositifs de sécurité et de sanitaires adéquats ;

CONSIDÉRANT la nécessité de préserver le cadre environnemental du site ci-dessus désigné ;

CONSIDÉRANT que l'organisateur a refusé l'affectation d'un terrain présentant toutes les garanties requises sur la commune d'YYY, cadastré… ;

Sur proposition du secrétaire général de la préfecture ;

ARRÊTE

ARTICLE 1er : Le rassemblement festif à caractère musical, dit « rave-party », prévu le… est interdit sur le terrain cadastré sous le numéro…, situé sur la commune de YYY.

ARTICLE 2 : Les infractions au présent arrêté seront constatées et poursuivies conformément à la loi en vigueur sans préjudice des mesures de police administrative complémentaires qui pourraient être prises à l'encontre des contrevenants.

ARTICLE 3 : Le présent arrêté pourra faire l'objet d'un recours en annulation devant le Tribunal Administratif de… dans un délai de 2 mois à compter de sa publication.

…/…

ARTICLE 4 : Le secrétaire général de la préfecture, le directeur de cabinet, le maire de la commune de YYY et le commandant de groupement de la gendarmerie de… sont chargés, chacun en ce qui le concerne, de l'exécution du présent arrêté qui sera publié au recueil des actes administratifs de la préfecture et sur le site Internet de la préfecture.

Le 30 juin 20..
Éléments de signature
(Signature, Prénom, Nom)

La date de prise d'effet d'un arrêté et le délai à partir duquel il peut être contesté **n'est pas la date de la signature, mais la date de publication de l'arrêté**. Il faut faire attention, par conséquent, lorsque l'on veut préciser la date d'effet d'une décision, dans l'un de ses articles. Il faut en effet prévoir un délai suffisant qui permet la publicité.

IDENTIFIER LES AUTRES ÉCRITS ADMINISTRATIFS

Le bordereau

Le bordereau constitue un moyen simple de transmission de documents administratifs, de pièces diverses, au sein de l'administration chaque fois que cette transmission n'exige pas d'explications ou de commentaires nécessitant la rédaction d'une lettre.

Il comporte les informations suivantes :
- la désignation des pièces, ainsi que leur nombre ;
- la raison de la transmission.

Ces raisons peuvent être, par exemple, une transmission :
- **Pour information** : dans ce cas, le destinataire est informé mais on ne lui demande pas d'intervenir.
- **Pour attribution** : dans ce cas, on confie la suite de l'affaire au service destinataire.
- **Pour avis, éléments de réponse** : on demande au service destinataire de réagir, soit parce que l'examen de la situation nécessite son conseil technique, soit parce qu'il est détenteur de l'information qu'on lui réclame.
- **Pour suite à donner** : on demande au service destinataire de prendre les mesures qu'implique le document joint : réponse à faire, réunion à organiser…
- **Pour projet de réponse** : la réponse sera préparée par le destinataire et soumise à celui qui a établi le bordereau.

Le bordereau permet de garder une trace de la transmission.

 Exemple de présentation du bordereau

MINISTÈRE DE...

DIRECTION...

SERVICE...   À..., Le...

Affaire suivie par :...
Tél. :
E-mail :

BORDEREAU D'ENVOI
à l'attention de Monsieur
s/c de Monsieur le Chef du...

Désignation des pièces	Nombre	Observations
– Note sur...	1	Pour attribution
– Évaluation relative à...	1	
– Compte rendu du...	1	

Le Chef du bureau...
Signature

Les imprimés, notices, plaquettes

Ces documents sont des supports de communication utilisés dans l'administration pour communiquer.

Leur rédaction emprunte davantage le style journalistique qu'administratif, c'est pourquoi leur élaboration ne sera pas traitée ici.

On constate toutefois que les informations à large diffusion sont plutôt réalisées sur les sites intranet ou Internet des administrations.

Toutefois, les règles de lisibilité des écrits administratifs présentées dans les fiches précédentes permettent d'améliorer les techniques de rédaction des écrits destinés au grand public.

Les cartes et les cartons

Les autorités publiques utilisent fréquemment des cartes et cartons de correspondance dans certaines situations bien précises.

Ces différentes correspondances sont :
▶ les cartes de visite ;
▶ les cartes de vœux ;
▶ les cartons d'invitation.

Ces cartes et cartons sont plutôt réservés aux destinataires avec lesquels existe un certain degré de familiarité. En revanche, la lettre reste préférable lorsque la considération, le respect ou les circonstances l'exigent.

Le communiqué de presse

La communication vers l'extérieur peut se faire par voie de presse, au moyen :
▶ d'un communiqué de presse ;
▶ d'un dossier de presse ;
▶ d'une conférence de presse.

Le communiqué de presse ne doit pas dépasser deux pages et doit pouvoir être repris *in extenso* dans le journal.

Il doit être rédigé selon les règles de lisibilité rappelées précédemment, c'est-à-dire être adapté au lecteur à qui il s'adresse. Le titre et l'accroche doivent être parlants et dynamiques (donner déjà une information et la qualifier).

Le courrier électronique

Qu'en est-il aujourd'hui de toutes ces règles de rédaction administrative, alors que les technologies de l'information et de la communication (TIC) se répandent toujours plus rapidement et modifient les façons de travailler dans les services administratifs ?

La rédaction traditionnelle demeure encore d'actualité dans certains cas :

- Le principe d'égalité d'accès au service public exige le maintien d'un accès traditionnel, sous forme de courrier, d'appel téléphonique ou de contacts directs. Le développement des TIC, aussi rapide soit-il, laisse encore en marge de ces évolutions certaines catégories de population (personnes âgées, milieux défavorisés, zones rurales, par exemple).
- Les concours administratifs reposent toujours sur une admissibilité par l'écrit, dans laquelle la note de synthèse, la note administrative, la note en situation professionnelle, le rapport, la lettre constituent l'épreuve de sélection principale.
- Les correspondances « protocolaires » sont encore rédigées sur support papier.

L'usage des TIC s'est développé de différentes façons dans l'administration :

- la messagerie ;
- l'intranet ;
- l'Internet ;
- le partage en réseau.

Quel que soit le mode d'utilisation choisi, soit vous devrez rédiger le message qui aura la forme d'un texte bref, rédigé sommairement, soit vous aurez à concevoir les pages d'un site accessible au public ; ou bien vous rédigerez un document dans sa présentation traditionnelle et vous l'enverrez en document joint par messagerie électronique.

Ainsi, les règles de la communication écrite restent les mêmes ; le message doit être clair, précis et concis.

Règles du courrier électronique

Au-delà des principes de communication déjà développés, il peut être utile de rappeler ici quelques règles de bon usage des e-mails.

La rédaction des informations véhiculées sur supports électroniques emprunte un langage à mi-chemin entre le langage parlé et le langage écrit : moins formel que le langage écrit, mais plus élaboré que celui de la conversation.

En outre, conformément aux exigences du service public, la messagerie électronique doit permettre d'échanger dans de bonnes conditions de communication. Des règles en ce sens sont fixées dans des chartes qui engagent leurs utilisateurs.

La confidentialité

- Il faut veiller à ne pas envoyer vers Internet des informations sensibles, confidentielles ou portant atteinte au système d'information de l'organisation.

- Le courrier sur le Net n'est pas sûr : n'écrivez pas dans un message ce que vous n'écririez pas dans une lettre.

- Un texte d'accompagnement peut être joint au message, comme : « Ce message et les pièces jointes sont confidentiels et établis à l'intention exclusive des destinataires. Toute utilisation ou diffusion est interdite… Les services déclinent toute responsabilité au titre de ce message s'il est altéré, déformé ou falsifié. » Beaucoup d'e-mails aujourd'hui contiennent un message de ce type afin d'attirer l'attention du récepteur sur la responsabilité qui est la sienne dans l'usage qu'il fera du document reçu.

- De même, certains messages reçus peuvent avoir été déformés ou falsifiés. Faites quelques vérifications avant de les considérer comme authentiques.

…/…

La courtoisie

- Restez courtois dans vos messages : soyez conservateur dans ce que vous écrivez et libéral dans ce que vous recevez.
- Commencez votre message par un mot aimable (Bonjour, Bonjour Monsieur, Bonjour Madame) ; les formules d'appel et de politesse sont courtes dans les messages.
- Admettez que la culture, la langue, la mentalité de votre correspondant peuvent différer des vôtres.
- Écrivez en minuscules, utiliser les majuscules revient à crier.
- Si votre interlocuteur se trouve très loin géographiquement, pensez au décalage horaire et laissez-lui le temps de se réveiller avant d'espérer une réponse.
- Évitez les messages trop longs (un message long est un message de plus de 100 mots).
- Évitez les digressions longues et personnelles et vérifiez les adresses avant de vous lancer dans des observations personnelles.
- Méfiez-vous de l'argot, du langage parlé et des raccourcis : ils nuisent à la clarté du message.
- Si vous diffusez un message reçu, ne changez pas sa formulation.
- Si vous divulguez un message personnel que vous avez reçu, demandez l'autorisation à votre expéditeur avant de l'envoyer à une autre personne.
- Attribuez toujours les citations à leurs auteurs.
- Répondez aux messages reçus.
- Si le message est important, répondez rapidement afin que votre correspondant sache que son message a été reçu.
- Soyez bref sans être sec.
- Terminez votre message par un mot de courtoisie (qui n'est pas la formule de politesse de la lettre), comme « bien cordialement » ou « cordialement ». Si votre e-mail s'adresse à une autorité supérieure, vous pouvez dire « respectueusement ».

Ne communiquez pas l'adresse e-mail d'un tiers sans l'autorisation de l'intéressé.

 Exemple d'e-mail

Vous devez, ici, répondre à l'e-mail d'un directeur qui souhaite savoir s'il existe des notes éliminatoires dans les examens professionnels.

Monsieur,

Pour faire suite à votre demande concernant l'existence, ou non, de notes éliminatoires aux examens professionnels de secrétaires administratifs de classe normale et de classe supérieure, je vous confirme que :

– l'arrêté du 21 décembre 2010 fixant les modalités d'organisation et les épreuves de l'examen professionnel pour l'accès au grade de secrétaire administratif de classe normale précise qu'un candidat doit avoir obtenu au moins la note de 8/20 à l'épreuve écrite d'admissibilité pour être déclaré admissible. À l'issue de cette épreuve, il doit obtenir au minimum la note de 8/20 à l'épreuve orale pour être déclaré admis ;

– l'arrêté du 21 décembre 2010 fixant les modalités d'organisation et les épreuves des examens professionnels pour l'accès au grade de secrétaire administratif de classe supérieure et de classe exceptionnelle ne prévoit pas de note éliminatoire à l'issue de l'épreuve écrite d'admissibilité mais précise que les candidats ne pourront être déclarés admis, à l'issue de l'épreuve orale d'admission, que s'ils ont obtenu au moins la note de 10/20 à cette dernière épreuve.

En demeurant à votre disposition.

(ou : Cordialement, ou Bien cordialement, ou Respectueusement, selon le destinataire)

L'agent…

Signature

Des règles nationales et internationales protègent les données personnelles et la vie privée dans le secteur des télécommunications, pensez-y dans vos messages.

Enfin, deux points méritent d'être soulignés sur le choix ou non d'un message électronique :

▶ Dans les invitations « officielles », préférez les lettres ou les cartons et respectez les règles de protocoles applicables en la circonstance (il en existe de nombreuses dans la rédaction et en particulier concernant les appellations, titres, grades et fonctions).

▶ Dans le conseil juridique, préférez les lettres, plus précises, plus complètes, plus argumentées et surtout dont le contenu engage l'administration. Attention au recours contentieux possible selon les cas.

IDENTIFIER, EN RÉSUMÉ, LA PRÉSENTATION DES DIFFÉRENTS DOCUMENTS ADMINISTRATIFS

Récapitulatif des modèles de documents administratifs

 La lettre en forme administrative (envoyée d'un service public à un autre service public)

MINISTRE DE L'INTÉRIEUR,
DE L'OUTRE-MER
ET DES COLLECTIVITÉS TERRITORIALES

(Timbre)   Lieu et date
(provenance du document)
Affaire suivie par...
Tél. :
E-mail :

SUSCRIPTION *(destinataire)*
Le Directeur départemental...

à
Monsieur le Préfet de l'Oise
1, place de la République
60000 BEAUVAIS
s/c de Monsieur le Préfet
de la région Picardie

Objet : ....

Réf. : ....

PJ :

Introduction
Par lettre du ....

Développement
Conclusion

Fonction du signataire
Signature
Identité du signataire

Copie transmise à ....

.../... (si plus d'une page)

 **La lettre en forme personnelle**
(envoyée d'un service public à un particulier)

MINISTRE DE L'INTÉRIEUR,
DE L'OUTRE-MER
ET DES COLLECTIVITÉS TERRITORIALES

(Timbre)   Lieu et date
(provenance du document)
Affaire suivie par...
Tél. :

                                          SUSCRIPTION (destinataire)
                                          Si enveloppe à fenêtre
                                          Monsieur Laurent DUPONT
                                          10, rue du Pont
                                          59000 LILLE

Formule d'appel

Madame, Monsieur,

Introduction

Par lettre du ....

Formule de courtoisie

J'ai l'honneur de ....

Développement

Conclusion

Formule de politesse

Je vous prie de croire, M..., en l'assurance de ma considération distinguée.

Je vous prie d'agréer, M..., l'expression de ma considération distinguée.

Fonction du signataire
Signature
Identité du signataire

SUSCRIPTION (destinataire)
Monsieur Laurent DUPONT
10, rue du Pont
59000 Lille

P. J. : ....

.../... (si plus d'une page)

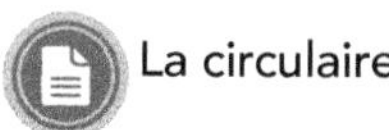 La circulaire

MINISTRE DE L'INTÉRIEUR,
DE L'OUTRE-MER
ET DES COLLECTIVITÉS TERRITORIALES

(Timbre)   Lieu et date
(Provenance du document)
Affaire suivie par...
Tél. :

Suscription (destinataires)
Le Premier Ministre
à
Mesdames et Messieurs
les Ministres

Objet :

Réf. :

PJ :

Résumé

La présente circulaire a pour objet de...

Développement

Introduction
– contexte, objectifs, plan

Développement

– subdivisions numérotées :

I – a) b)

II – a) b)

Conclusion

Fonction du signataire
Signature
Identité du signataire

…/… (si plus d'une page)

 Le compte rendu

Liberté • Égalité • Fraternité
RÉPUBLIQUE FRANÇAISE

MINISTRE DE L'INTÉRIEUR,
DE L'OUTRE-MER
ET DES COLLECTIVITÉS TERRITORIALES

(Timbre)   Lieu et date
(Provenance du document)
Affaire suivie par…
Tél. :

COMPTE RENDU
DE LA RÉUNION DU……………

Objet :……………………………………………………………

Introduction

Le vendredi 5 septembre 20.. à 15 heures s'est tenue en salle…
sous la Présidence de Monsieur X, sous-directeur, une réunion
relative à………

Participaient à cette réunion :
– Mme Y, chargée de mission
– M. Z, chef du 2ᵉ bureau etc.

Développement

– 1ʳᵉ possibilité : plan chronologique d'expression des idées

– 2ᵉ possibilité : plan logique avec subdivisions thématiques

I – a) b)

II – a) b)

– 3ᵉ possibilité : relevé des décisions prises (sous forme d'un
tableau)

Thème abordé – décision prise

………………………………………………

Conclusion

L'ordre du jour étant épuisé, la séance est levée.

La prochaine réunion est fixée à…………………………………………

Fonction du signataire
Signature
Identité du signataire

 Le procès-verbal

Liberté • Égalité • Fraternité
RÉPUBLIQUE FRANÇAISE

MINISTRE DE L'INTÉRIEUR,
DE L'OUTRE-MER
ET DES COLLECTIVITÉS TERRITORIALES

(Timbre)   Lieu et date
(Provenance du document)
Affaire suivie par…
Tél. :

PROCÈS-VERBAL
DE LA RÉUNION DU……………
DE LA COMMISSION……………

Introduction

Le vendredi 5 septembre 20.. à 15 heures s'est tenue en salle…
sous la Présidence de Monsieur X, sous-directeur, la réunion de
la commission…

Étaient présents :
– Mme Y, chargée de mission
– M. Z, chef du bureau de…, etc.

Étaient absents :
– Mlle Y, chef de section, etc.

Ordre du jour :
– point n° 1.
– point n° 2, etc.

Développement chronologique
– Reprise des points de l'ordre du jour avec l'essentiel des débats
et les décisions adoptées

Conclusion
L'ordre du jour étant épuisé, la séance est levée à…
La prochaine réunion est fixée à……………………………………

> Fonction du signataire
> Signature
> Identité du signataire

 La note de service

MINISTRE DE L'INTÉRIEUR,
DE L'OUTRE-MER
ET DES COLLECTIVITÉS TERRITORIALES

(Timbre)   Lieu et date
(Provenance du document)
Affaire suivie par…
Tél. :

– pour affichage

– pour diffusion

NOTE DE SERVICE

Objet :………………………………………………………..
Réf. :………………………………………………………….

PJ :..

Introduction

Développement

Conclusion

Fonction du signataire
Signature
Identité du signataire

Destinataires :

–

–

–

 La note

MINISTRE DE L'INTÉRIEUR,
DE L'OUTRE-MER
ET DES COLLECTIVITÉS TERRITORIALES

(Timbre)   Lieu et date
(Provenance du document)
Affaire suivie par…
Tél. :

NOTE

À L'ATTENTION DE.......

Objet :...

Réf. :...

PJ :...

Introduction

Développement
(Éventuellement avec parties et sous-parties, et titres et
sous-titres)

Conclusion

> Fonction du signataire
> Signature
> Identité du signataire

 Le rapport

MINISTRE DE L'INTÉRIEUR,
DE L'OUTRE-MER
ET DES COLLECTIVITÉS TERRITORIALES

(Timbre)   Lieu et date
(Provenance du document)
Affaire suivie par...
Tél. :

RAPPORT

À L'ATTENTION DE.......

Objet :...

Réf. :..

PJ :..

Introduction

Développement
(Éventuellement avec parties et sous-parties, et titres et sous-titres.)

Conclusion

Fonction du signataire
Signature
Identité du signataire

 Le bordereau

MINISTRE DE L'INTÉRIEUR,
DE L'OUTRE-MER
ET DES COLLECTIVITÉS TERRITORIALES

(Timbre)   Lieu et date
(Provenance du document)
Affaire suivie par...
Tél. :

BORDEREAU D'ENVOI

À L'ATTENTION DE…

Désignation des pièces	Nombre	Observations
– Lettre de M. X…	1	– Pour attribution

Fonction du signataire
Signature
Identité du signataire

CONCLUSION

Doit-on penser à tout cela à chaque fois que l'on rédige?

En fait, c'est avec l'entraînement que l'on maîtrise la technique de la rédaction administrative.

C'est aussi en gardant à l'esprit qu'une communication efficiente suppose beaucoup de rigueur dans les écrits et une grande part de bon sens dans la réflexion que les techniques de rédaction administrative deviendront naturelles.

La rigueur se traduit dans le style, le choix des mots, la construction des phrases, l'élaboration des documents.

Le bon sens se révèle dans la qualité du message qui, tout en demeurant institutionnel, doit être compris, sans ambiguïté, par le plus grand nombre.

Cet ouvrage se proposait de constituer un guide pour faciliter le travail de chacun, alors maintenant, bonne rédaction!

COMMENT ACCÉDER AUX COMPLÉMENTS EN LIGNE

Pour vous entraîner, retrouvez sur le site d'Eyrolles tous les modèles de documents disponibles en téléchargement.

https://www.editions-eyrolles.com/dl/0057143

INDEX

Dépôt légal : Octobre 2021
Imprimé en Allemagne par BoD